AF346665

MADAME

DE

CHATEAUBRIANT.

MADAME

DE

CHATEAUBRIANT

PAR

A. MAURAGE.

1

BRUXELLES,

ALPH. LEBÈGUE, IMPRIMEUR-ÉDITEUR,

Rue des Jardins d'Idalie, 1.

1854

I

— Les hoquetons de la reine-mère. —

Sur l'emplacement où Catherine de Médicis devait faire commencer, quelques années plus tard, la construction du palais des Tuileries, s'élevait, en 1521, un petit château appartenant à la duchesse d'Angoulême, Louise de Savoie, mère de François Ier.

Élevé tout récemment, ce château détachait alors ses pignons rouges et ses tourelles effilées sur une sombre enceinte à créneaux qui lui servait de ceinture.

Autour de cette enceinte s'étendait une plaine, et, dans cette plaine, entre le Louvre et le château, il y avait une tuilerie.

Le 24 mai de cette année, à la tombée de la nuit, vers neuf heures du soir, un jeune homme, qui pouvait avoir dix-huit ou vingt ans, arriva à la porte de Nesle, venant de la direction du Pré-aux-Clercs.

Il était de taille moyenne, portait ses cheveux blonds parfaitement bouclés et une de ces figures souriantes qui charment d'abord et attachent ensuite. Sa lèvre commençait à s'ombrager d'une légère moustache, son regard était vif et fier. Il était vêtu de noir sous un manteau léger qui l'enveloppait depuis le menton jusqu'aux genoux, il avait les mains blanches, la jambe fine et nerveuse et le pied agile.

Après avoir regardé la Seine pendant quelques minutes avec indécision, il releva la tête et appela le passeur qui aborda en trois coups de rames.

— Maître, lui dit le jeune homme en tirant

une bourse, j'ai un écu de six livres à ton service.

Le passeur, pour qui pareille aubaine était
un luxe inusité, se hâta de tendre les deux
mains.

— Un moment... il faut d'abord le gagner !

— C'est juste, mon gentilhomme, il faut le
gagner, je comprends... mais ne pourrait-on
savoir comment ?

— D'abord, en me prenant où je suis pour
me déposer sur l'autre rive.

— Par les tours de Notre-Dame, rien de plus
aisé ! s'écria le passeur, se disposant déjà à sou-
lever son homme dans ses bras.

Mais celui-ci lui évita cette peine en sautant
dans le bachot.

— Ce n'est pas tout, reprit l'inconnu, il faudra m'attendre.

— Rien de plus facile encore, répéta le passeur, en s'arc-boutant à son aviron pour pousser
son bachot dans le courant.

— Peut-être pendant une heure, peut-être

pendant deux, peut-être durant toute la nuit...

— Même durant toute la nuit, mon gentilhomme ; je ferai selon votre désir.

Et il se mit à ramer.

— Il est entendu que je puis ne pas être seul.

— Oh ! parfaitement, monseigneur !

— Et que, si je n'étais pas seul, personne que toi ne le saurait jamais ?

Le passeur regarda le jeune homme.

— Ah ! je comprends ! fit-il d'un air entendu. Non, non ! monseigneur, non, personne que moi...

Et sa physionomie, d'abord souriante, s'obscurcit légèrement.

— Bien entendu aussi, ajouta le jeune homme, que, seul ou non, je payerai pour deux.

— Mieux que jamais, monseigneur, — ce qui fait que vous aurez douze livres à me bailler...

Et, ayant abordé, il sauta à terre pour amarrer son bachot.

Une fois sur l'autre rive, le jeune homme mit les deux écus dans la main du passeur, et, lui ayant fait promettre de nouveau qu'il attendrait patiemment son retour, il se dirigea vers la rue de l'Arbre-Sec qu'il longea jusqu'au Louvre, dépassa cet édifice, traversa la tuilerie et arriva devant une petite porte pratiquée dans le mur d'enceinte du château de Louise de Savoie.

— Anne!... appela-t-il tendrement d'une voix tremblante, se mettant à genoux, les mains jointes, près de cette petite porte.

Après un silence interrompu seulement par les battements de son cœur et par le bruissement des charmilles derrière la porte, il se hasarda à appeler une seconde fois.

— Anne! murmura-t-il.

Tout à coup des pas pesants retentirent sur le sable de l'avenue, la porte s'ouvrit brusquement et un gentilhomme de haute taille, la main à la garde de son épée, la moustache fièrement retroussée, apparut aux yeux de notre inconnu, qui, étant resté dans la position suppliante où nous venons de le voir, put entendre, à quelques pas de lui, le froissement de la soie d'une

robe, et entrevoir une ombre de femme qui dis-
paraissait en courant dans la pénombre d'une
tonnelle.

— Dieu! fit-il, en se voilant les yeux comme
s'il eût eu un éblouissement.

Mais ce mouvement fut prompt comme la
pensée, et notre individu se releva.

Ce changement de position le mit face à face
avec le gentilhomme qui venait d'apparaître ;
tous les deux se regardèrent en silence.

— Monsieur de Chartres! si j'ai bon souvenir,
dit le gentilhomme.

— En effet, monsieur, répondit celui-ci en
reprenant toute son assurance, c'est mon nom ;
mais, moi, je n'ai pas l'honneur de vous connaître. Le vôtre, s'il vous plaît?

— Lautrec, pour vous servir, monsieur; Odet
de Foix, si cela vous arrange davantage.

Et, saluant M. de Chartres, le gentilhomme
voulut passer.

— Holà! maréchal, dit le jeune homme en
barrant le passage à Lautrec qu'il connaissait

parfaitement de réputation, sinon de figure; je ne vous ai pas demandé votre nom pour vous le laisser aussi bénévolement, il me semble.

— Comment! répliqua le maréchal avec insouciance, vous seriez disposé à me prendre mon nom, monsieur de Chartres?

— Ou votre vie, maréchal, si vous comprenez mieux.

— Tout beau! monsieur, vous exercez là un singulier métier!

— Vous devez pourtant comprendre qu'après ce qui vient de se passer derrière cette porte, il est nécessaire que l'un de nous deux aille de vie à trépas...

— Heu!... de vie à trépas, c'est dur; mais, en effet, il pourrait fort bien arriver quelque chose de très-déplaisant, si ce n'est pas tout à fait le trépas, à l'un de nous deux. Seulement je suis fondé à croire que ce danger ne peut pas nous être indifféremment applicable.

— Vous êtes trop modeste, dit le jeune homme en dégainant; votre réputation est là

pour me rassurer sur ce point; et, quoique je
sache passablement manier l'épée, je n'ai pas
de vous tuer l'assurance que vous semblez avoir
de me laisser en vie.

— Vive Dieu! mon gentilhomme, quelles
singulières paroles dites-vous donc là? s'écria
le maréchal.

— Mais je répète que l'un de nous deux doit
mourir par la main de l'autre.

— Et cela parce que nous nous sommes rencontrés à cette porte?

— Parbleu! monsieur, vous avez de l'imagination autant que du courage : voilà une raison
toute trouvée, et nous n'aurons pas besoin de
nous expliquer la véritable.

— Bon! Il y en a une véritable!

— Vous ne m'obligerez pas, je l'espère, à
vous prouver que la position dans laquelle vous
m'avez rencontré à cette porte n'était pas absolument naturelle?

— En effet, vous aviez l'air d'un amoureux.

— Et vous, maréchal, quel air croyez-vous
avoir?

— Moi?

— Oui. Sortant de ce jardin par cette petite porte presque ignorée, à neuf heures du soir, par le plus beau temps du monde, et laissant après vous un frémissement de soie et une ombre fugitive?

— Ah! j'y suis... vous voulez dire que j'ai à peu près le même air que vous?

— Pardon, tout à fait.

— De manière que vous partez de là pour me déclarer votre rival?

— Je croyais, maréchal, qu'il nous suffirait, pour mettre l'épée à la main, de nous être rencontrés. Un secret comme le nôtre devrait cependant rester dans notre cœur, au lieu de le confier, comme vous le faites en élevant la voix, à l'indiscrétion de la brise ou à l'écho des murs.

— Çà, mais c'est décidément une querelle que vous me cherchez?

— Fallait-il encore dire le mot?

— Au fait, non, j'aurais dû le deviner; mais il faut qu'elle ait une raison d'être, cette querelle, ou, le diable m'emporte si je l'accepte !

— J'entre, et vous sortez... Entendez-vous?

— Fort bien, j'ai cru m'en apercevoir, mais cette circonstance ne me met nullement sur la voie...

— En deux mots, vous êtes mon rival, comme vous disiez...

— Vraiment?... Diable ! en supposant que cela fût vrai, jeune homme, je ne vous en ferais pas mon compliment.

— Ah! vous raillez, maréchal... N'est-elle pas noble et belle comme tout ce qu'il y a de plus noble en ce monde?

— Noble, certainement, fit Lautrec, mais belle...

Et il hocha la tête avec un sourire de mépris qui fit pâlir M. de Chartres.

— Vous voyez bien, dit celui-ci en tirant tout à fait l'épée, qu'il n'y a pas à sortir de là : il faut que l'un de nous deux tue l'autre!

— Pardieu! je le vois moins que jamais.

— Rassasié de ses faveurs, sans doute, ne

l'avez-vous pas insultée en ma présence, en présence d'un enfant qui l'aime?

— Vous l'aimez... vous? s'écria le maréchal.

— Oui, entendez-vous! je l'aime.

— Et quel âge avez-vous?

— Dix-huit ans, l'âge où l'on aime éperdument, sans retour et sans calcul.

— Permettez-moi de ne pas vous féliciter...

— Eh! ce ne sont pas vos félicitations qu'il me faut! s'écria le jeune homme en tombant en garde.

— Je vois cela à votre position, et je l'ai trop bien compris, à vos paroles; mais...

— En garde! maréchal, ou, par la mort Dieu! ce que vous ne voulez pas jouer contre un coup d'épée, je vous le prendrai comme un larron...

— Cependant, moi, maréchal de France, observa Lautrec, en écartant de la main l'épée de M. de Chartres, je ne puis pas, raisonnablement, me battre avec un insensé...

— Un insensé... vous avez dit un insensé...

— Qui diable ne le dirait pas, et plus verte-
ment, s'il vous plaît?

— En garde! en garde! cria le jeune homme
en menaçant Lautrec de ses coups furibonds;
en garde, ou je vous déclare...

— Quoi donc? demanda le preux gentilhomme avec hauteur.

— Un misérable! entendez-vous, un chevalier sans cœur et sans courage!

Lautrec pâlit, fit un pas en arrière et mit la
main à la garde de son épée.

En ce moment, le frémissement de la soie
d'une robe se fit entendre de nouveau, une
ombre de femme se dressa derrière la charmille
et l'on put entendre comme un soupir étouffé.

— Sarpejeu! dit Lautrec en dégainant à son
tour pour tenir tête à son adversaire, voilà des
paroles, monsieur de Chartres, que j'entends
pour la première fois de ma vie, adressées à ma
personne... et vous ne les répéterez pas, ou ce
seront vos dernières.

— En garde! s'écria le jeune homme en dessinant un dégagement prompt comme la pensée.

Tout stupéfait encore de cette insolence qui venait de le toucher à son endroit le plus sensible, c'est-à-dire à son honneur, Lautrec tira lentement son épée.

— Mon Dieu!... murmura une douce voix.

Et comme les deux adversaires s'étaient retournés pour se rendre compte de cette exclamation douloureuse, ils virent une femme, jeune et belle, se précipiter vers eux les bras tendus.

— Guillaume! s'écria cette femme, en saisissant de ses mains tremblantes l'épée de M. de Chartres.

— Mademoiselle de Pisseleu! fit Lautrec en laissant tomber la sienne.

— Anne! murmura M. de Chartres en essayant de repousser la jeune fille.

— Oui, moi, répondit-elle; entre votre mort et le soin de ma réputation, j'ai choisi : me voici...

Et, se retournant vers Lautrec :

— Je l'aime, maréchal, ajouta-t-elle.

— Oh! les pauvres enfants! s'écria celui-ci en reculant. Qu'allais-je faire, et qu'ai-je pu penser!...

Mais M. de Chartres qui croyait que, par cette porte où il n'avait jamais rencontré que son amante, il ne pouvait rencontrer que la reine mère, ne pouvant se faire à l'idée que ce pût être cette reine qu'il venait d'entrevoir, M. de Chartres secoua brusquement l'étreinte de la jeune fille, fit un pas vers Lautrec et conserva sa position agressive.

— Sarpejeu! dit le maréchal, qui se rappela instantanément par quelle série de circonstances il avait été amené à sortir du château par cette porte, si vous saviez dans quelle position vous me mettez en me tenant ici...

— Le maréchal quitte à l'instant la reine mère..., dit Anne pour finir le quiproquo.

M. de Chartres laissa tomber son épée sans ajouter un mot.

— Hélas! oui, je quitte la reine... affirma

Lautrec, et je ne sais pas où j'avais mes idées quand j'ai pu me figurer que vous étiez son amant... Mais, de grâce, laissez-moi partir vivant, ou je courrais grand risque de demeurer ici.

M. de Chartres était sans voix et sans mouvement et abandonnait ses mains désarmées aux caresses de la jeune fille.

— Maréchal!... supplia Anne, voyant que le gentilhomme se disposait à partir.

— Oh! soyez tranquilles, mes enfants, si j'ai seul votre secret, il sera bien gardé; sur ma foi je vous le jure. Mais ne me retenez pas plus longtemps, je crois qu'il est prudent que je m'en aille.

Et, remettant son épée au fourreau :

— Voyez-vous? ajouta-t-il en indiquant du doigt quelques ombres mouvantes qui venaient à lui tout armées et qui se donnaient à chaque pas des airs de plus en plus belliqueux.

— Ce sont des soldats, dit M. de Chartres en retrouvant la parole.

— Ce sont des assassins que madame Louise de Savoie met à mes trousses, rectifia Lautrec; adieu, mes enfants, ne vous trouvez pas sur leur passage.

Et il s'élança vers la petite porte qu'il referma derrière lui.

M. de Chartres prit son ange gardien dans ses bras, et la transporta presque évanouie dans la tonnelle où il avait vu, quelques instants auparavant, une ombre se mouvoir.

Après un moment d'attente, les soldats que Lautrec avait aperçus passèrent à quelques pas des deux amants, ouvrirent la porte et se précipitèrent par le chemin qu'avait dû prendre le maréchal.

— Anne, dit M. de Chartres, les misérables sont dix, et dix contre un, c'est trop... Reste...

— Guillaume! fit la jeune fille avec angoisse en essayant de le retenir.

— Oh! laisse-moi... ils vont l'assassiner a-t-il dit; je reviendrai : la nuit est venue, tu es libre... attends-moi...

Et il abandonna la jeune fille pour aller porter secours au vaillant capitaine, dans le cas où
du secours lui serait nécessaire.

M. de Chartres venait de sortir du petit parc
où s'était passée la scène que nous avons dé-
crite, quand une ombre apparut à côté de la
jeune fille, et la toucha du doigt à l'épaule.

— La reine! s'écria Anne.

— Suivez-moi, dit sèchement cette ombre en
retournant vers le château.

II

Maintenant, si le lecteur veut bien repasser la Seine avec nous, nous l'introduirons à l'hôtel du Petit-Nesle, occupé, à l'époque où nous ouvrons les pages de cette histoire, par madame de Laval - Montmorency, comtesse de Chateaubriant, ci-devant Françoise de Foix, sœur de Lautrec. Seulement, avant de lui présenter la favorite de François Ier, nous nous permettrons d'esquisser en quelques lignes la situation politique de l'Europe, pour que l'on puisse s'expli-

quer les événements que nous aurons à rapporter dans le cadre de cet ouvrage.

Charles-Quint avait été élu empereur tout
récemment, et venait, plus récemment encore,
de faire un traité d'alliance secret avec le pape
Léon X, alors installé sur le trône pontifical :
le pape, pour récompenser l'empereur d'avoir
fait condamner Luther et ses doctrines par la
diète de Worms; l'empereur, pour s'emparer de
Naples et l'adjoindre à ses immenses posses-
sions.

Henri VIII régnait en Angleterre, et la célèbre entrevue du camp du drap d'or avait eu
lieu l'année précédente, entre François Ier et
lui, dans les plaines immenses situées entre
Guines et Ardres.

Le cardinal Wolsey était dans sa toute-puis-
sance et secondait les vues de Charles-Quint
auprès de son maître afin de renverser François Ier.

Luther, enlevé dans sa fuite par l'électeur de
Saxe, était enfermé dans le château de Wart-

bourg, et la récente invention de l'imprimerie donnait un nouvel essor à ses doctrines subversives.

La cour de Rome venait de publier sa bulle qui fixait le prix des indulgences. Ainsi, un diacre coupable de meurtre pouvait être absous pour vingt écus, un évêque et un abbé pouvaient assassiner pour trois cents livres, et, pour le tiers de cette somme, tout ecclésiastique pouvait s'abandonner aux excès de l'impureté, même avec les circonstances les plus aggravantes.

Ignace de Loyola servait en qualité d'officier dans la citadelle de Pampelune.

La famille de Jean d'Albret était renversée du trône de Navarre, et ni Charles-Quint, ni François Ier, qui avaient consenti à son rétablissement par le traité de Noyon, ne semblaient s'occuper d'y donner suite.

Bayard, le chevalier sans peur et sans reproche, commandait la place de Mézières.

La guerre n'attendait qu'une occasion pour éclater entre la France et l'Allemagne.

Madame de Châteaubriant était dans la splendeur de sa beauté et de son ascendant, et régnait en souveraine sur le cœur de son royal chevalier, le galant François Ier.

La belle favorite était négligemment renversée sur un sofa recouvert de drap d'or, dans un somptueux appartement éclairé par le demi-jour d'une lampe d'albâtre, et, la tête appuyée sur une de ses mains, pendant que, de l'autre, elle agaçait un jeune lévrier qui se défendait de son mieux, elle écoutait attentivement si aucun bruit de l'extérieur n'allait lui annoncer une visite.

À voir son attitude, il était évident qu'elle attendait.

Elle avait trente-cinq ans, elle était droite et blanche comme un lis, avait les yeux bleus et longs, les cheveux blonds et épais, les mains fines et nerveuses, le pied gracieusement cambré dans sa mule de satin rose, et il y avait autant de bonté que d'amour dans son sourire.

Un page écarta les draperies en brocart de

la portière, entra dans l'appartement et s'a-
vança vers la comtesse.

— Qu'est-ce? demanda celle-ci en levant la
tête.

— Un gentilhomme qui arrive de Flandre et
qui sollicite l'honneur d'être reçu par madame
la comtesse.

Et le page tendit à madame de Châteaubriant
une lettre qu'il tenait à la main.

— Aux armes de Chièvres..., dit-elle, et ca-
chetée de noir...

Et, sans s'appesantir davantage sur cette
observation, elle rompit le cachet et parcourut
rapidement le message.

On se rappelle que le seigneur de Chièvres,
Guillaume de Croy, avait été le précepteur de
l'empereur Charles-Quint, qu'il l'avait élevé
avec autant d'amour que s'il eût été son fils, et
que lui seul avait conservé sur cet enfant des-
pote une autorité respectée; depuis l'avénement
de son élève à l'empire, Guillaume de Croy
s'était attaché à éviter une rupture avec la

France, et il s'était associé à madame de Châteaubriant pour se faire seconder dans ses vues prudentes par François Ier.

— Mort!... Chièvres mort! s'écria la comtesse en se levant toute pâle et désolée.

Le gentilhomme annoncé par le page, et qui attendait qu'on voulût bien lui faire l'honneur d'une audience, avait collé son oreille à la portière, et, à cette exclamation de la comtesse, il sourit malicieusement en se grattant l'oreille.

— Quel est ce gentilhomme? s'est-il nommé?

— Non, madame.

— Introduisez-le.

Le solliciteur se redressa, composa de son mieux sa figure, et se recula de quelques pas pour ne point paraître suspect.

— Qui aurai-je l'honneur d'annoncer à madame la comtesse? demanda le page.

— Le prince de Mariana, répondit le gentilhomme, en grossissant sa voix et en se redressant encore pour se donner plus de gravité.

Le page écarta la portière en s'inclinant

respectueusement, et, mettant son chapeau à la main, le prince s'avança vers madame de Châteaubriant qui avait fait quelques pas pour le recevoir.

L'individu qui se présentait sous ce titre avait le front étroit, les yeux petits, le nez pointu, les lèvres minces, les cheveux plats, la taille fort ordinaire et le regard faux.

Il s'inclina profondément sans parler et baisa, avec un respect plein de courtoisie, la belle main que la comtesse lui tendit.

— Vous m'apportez de bien tristes nouvelles, monseigneur, dit celle-ci pour entrer en matière.

— Hélas ! madame, répondit-il avec un profond soupir, vous m'en voyez désolé à ce point qu'il faut tout le respect que je vous dois pour retenir mes larmes.

— Remettez-vous, monseigneur, et secouez hardiment la contrainte ordinaire d'une première entrevue : je vous connais.

— Bon ! pensa le matois, me voilà prohibé à la cour de France ; heureusement que l'empe-

reur a des ambassadeurs de rechange et qu'il
pourra me remplacer.

— Oui, reprit la comtesse en engageant son
visiteur à s'asseoir, Chièvres m'a beaucoup
parlé de vous, et, croyez-le, c'est pour moi la
plus douce consolation, de pouvoir, en appre-
nant la mort de cet excellent ami, serrer votre
main dans la mienne et vous donner toute ma
confiance pour continuer à nous deux l'œuvre
de conciliation que j'avais entreprise.

— Vous me comblez vraiment, madame, et je
suis tout confus de tant de bonté...

— Je crois vous rendre justice, prince. Chièvres m'a dit combien vous aviez contribué à
l'élection de l'empereur Charles, et combien
vous le secondiez pour entretenir des relations
amicales avec le roi de France... Cette lettre,
qu'il m'écrit à son lit de mort, m'assure de votre
entier dévouement à ma cause et de la discré-
tion qu'elle comporte.

Le petit homme s'inclina jusqu'à terre.

— Héritier de M. de Chièvres, reprit la com-

tesse, nous sommes donc alliés, et nous continuerons son œuvre.

— Oh! madame, avec bonheur! Ce sera le
seul acte de ma vie dont je m'honorerai, si nous
parvenons jamais à maintenir, par la persuasion,
l'équilibre de l'Europe.

— Nous y parviendrons, dit la favorite avec
résolution.

Puis, abandonnant ce sujet de conversation
pour revenir à la mort imprévue du précepteur
de Charles-Quint, elle demanda à son allié la
relation des circonstances qui l'avaient amenée.

A l'en croire, à la suite d'une promenade
qu'il avait faite à cheval, M. de Chièvres avait
été pris de violentes coliques, et tous les secours de l'art avaient été impuissants. Il était
rentré au palais, s'était mis au lit, et avait à
peine eu le temps d'écrire quelques lettres avant
de rendre le dernier soupir. Au nombre de ces
lettres, en était une adressée directement au
prince de Mariana, par laquelle il le suppliait
d'aller en personne à Paris, et sans aucun re-

tard, pour remettre à madame de Châteaubriant le message qu'il venait d'avoir l'honneur de lui présenter.

— Pauvre ami! soupira la comtesse avec émotion.

Madame de Châteaubriant regrettait d'autant plus M. de Chièvres qu'elle avait reconnu en lui le seul homme dont l'autorité pouvait maintenir François Ier sur le trône en évitant une rupture. A son avis, c'eût été folie à son royal amant que de lutter contre l'empereur : elle voyait celui-ci tout-puissant et maître du monde, l'autre fougueux et emporté, imprudent et sans force.

— Hélas! madame, reprit le petit homme, je crains bien d'être impuissant à remplacer M. de Chièvres... J'ai lutté contre des projets d'envahissement, et, malgré tout mon ascendant sur la volonté de l'empereur, je n'ai rien pu gagner.

— Des projets d'envahissement?...

— Oui. Sa Majesté considère comme un outrage le rassemblement de l'armée que le roi se dispose à envoyer en Navarre, et il veut user de représailles.

—Mais le roi est absolument étranger à cette organisation… Ce sont les enfants de Jean d'Albret qui s'arment pour reconquérir leur patrimoine.

— L'empereur prétend que c'est une guerre qu'on lui déclare et qu'on lui fera sous le nom d'un autre.

— Et vous dites que l'empereur Charles forme des projets d'envahissement? demanda la comtesse avec épouvante.

— Oui, madame.

— Quels sont-ils?

— Il a chargé don Jean Manoel, son ambassadeur à la cour de Rome, de proposer une alliance au pape et de la signer en son nom.

— Mais je ne comprends pas bien ce qu'une alliance avec le pape Léon X pourrait amener de sérieux dans un projet d'envahissement.

— Vous le comprendrez, madame, quand j'aurai eu l'honneur de vous dire en deux mots les clauses du traité. Ils s'uniraient pour chasser les Français du Milanais, qui serait rendu à François Sforce ; on restituerait à l'Église les duchés de Parme et de Plaisance ; l'empereur aiderait son allié à s'emparer de Ferrare ; on augmenterait le tribut annuel que la ville de Naples paye au Saint-Siége ; l'empereur prendrait sous sa protection la famille de Médicis et ferait au cardinal de ce nom une pension de six mille ducats...

— Mon Dieu ! mais c'est une guerre ouverte que vous nous déclarez là...

— Qu'y faire, madame?... L'empereur est décidé, dit-il, à se venger d'une agression inique ; elle n'a pas de cause, elle part de son rival : la riposte ne sera malheureusement que trop juste.

— Qu'y faire, prince!... mais il faut à tout prix nous mettre en travers de ce mouvement! s'écria la comtesse.

— J'y compte bien, repartit le petit homme avec un air singulier.

-— Retournez donc alors, prince, il le faut, retournez vers l'empereur; dites-lui que le roi est absolument étranger à cette levée d'hommes faite par les enfants de Jean d'Albret, et que l'expédition projetée contre la Navarre ne se fera probablement jamais; dites-lui que, s'il attaquait le Milanais, on lui prendrait l'Espagne, d'autant plus facilement que son autorité n'y est pas respectée; dites-lui, enfin, que l'exécution de ce projet serait le signal d'une guerre qui pourrait lui coûter son empire.

— Je lui ai dit tout cela, madame, et il a répondu qu'il avait tant de souverains à renverser pour reconquérir les limites territoriales de l'empereur Charlemagne, qu'il lui était indifférent de commencer par le roi de France.

— Charles-Quint a dit cela?...

— Oui, madame.

— C'est impossible!... François n'est-il pas allié au roi d'Angleterre, et l'Europe entière n'a-t-elle pas eu, pendant un mois, les yeux fixés sur le camp du drap d'or, pour voir les deux jeunes souverains se tendre cordialement la main?

— L'empereur prétend qu'il n'a eu qu'à se montrer pour que toutes ces belles promesses d'amitié et d'alliance fussent oubliées, et que, si l'Angleterre cesse d'être neutre, ce sera pour organiser un corps d'observation qui défendrait la Navarre et l'Espagne pendant que lui-même, à la tête de son armée, s'emparerait du Milanais.

La comtesse était devenue très-pâle et paraissait stupéfaite.

— Et il n'est aucun moyen de conjurer ce danger? demanda-t-elle avec angoisse.

— Si, madame, répondit le petit homme, et ce moyen est à votre seule disposition...

— Quel est-il?

— Parvenez à supprimer la cause, et les effets ne se produiront pas.

— Vraiment! vous croyez, prince, que si l'on pouvait licencier l'armée de Jean d'Albret, l'empereur renoncerait à ses vues?

— J'en suis certain, madame, et c'est pour-

quoi je suis venu à vous avec confiance...
L'empereur ne provoque pas la guerre, mais
il l'accepte; et si on lui en donne le prétexte,
il la fera : voilà ce qu'il a juré à Chièvres, en
ma présence, quelques jours avant la mort de
ce digne serviteur.

— Oh! dit la favorite, alors rien n'est déses-
péré.

— Vous voyez bien, n'est-ce pas, comtesse,
fit observer le prétendu prince de Mariana en
souriant finement, vous voyez bien que le roi
n'était pas absolument étranger à l'organisation
de cette armée, puisque vous comptez maintenant sur lui pour la licencier...

— Vous vous méprenez au sens de mes paroles, prince; je voulais vous dire que la France
est soumise à la volonté souveraine de Sa Majesté très-chrétienne, et que, plutôt que de lui
déplaire, la famille d'Albret renoncera à son
droit.

— Voilà qui ne manque pas d'habileté, se dit
le prince; mais si j'étais dans l'exercice de mes

fonctions, le diable m'emporterait ou j'aurais le dernier mot.

— Eh bien! monseigneur? demanda la comtesse.

— Eh bien! madame, à cette condition nous rentrerons dans le calme de la paix; mais, je vous le répète avec conviction, madame, l'empereur Charles-Quint désire la guerre, et tous les moyens lui seront bons pour la déclarer. Habitué dès l'enfance à obéir à M. de Chièvres comme s'il eût été son fils, il n'était pas absolument impossible à notre ami de le contenir; maintenant que la mort a rompu le cercle qui circonscrivait les aspirations de son génie, il relève plus fièrement la tête, son œil a plus d'assurance, et, s'il lève un jour la main, ce sera pour la laisser retomber sur le monde dont il fera sa proie...

— La paix, la paix! murmura la favorite en tremblant, il nous la faut à tout prix, et nous l'obtiendrons.

Après avoir réitéré ses assurances de dévouement à madame de Châteaubriant, notre homme prit congé d'elle en lui baisant les mains, et lui promit de revenir pour conjurer les dangers que pourrait susciter dans l'avenir l'animosité chevaleresque de François Ier.

Restée seule, la comtesse saisit une écritoire et parsema à la hâte une feuille de parchemin des arabesques d'une élégante cursive; puis elle frappa sur un timbre; son page reparut.

— Au roi, dit-elle.

Et le page s'étant retiré, elle se laissa retomber sur les coussins de son sofa en murmurant:

— La puissance! la puissance!... Il faut que je la lui conserve assez longtemps pour que la mort ne puisse me frapper que sur le trône de France.

III

— L'Ambassadeur de Charles-Quint. —

Le singulier petit homme que nous venons de mettre en scène sous le titre et le nom de prince de Mariana n'était autre que le Hollandais Armerstorff, le chambellan de Sa Majesté catholique l'empereur et roi Charles-Quint.

Armerstorff était l'homme le plus remuant, le limier le plus subtil, le courtisan le plus adroit et le plus audacieux qui se fût jamais trouvé sur le terrain de la cour. C'était, à proprement parler, un larron chamarré qui vous attendait au coin d'une rue, que vous rencontriez chez vous par hasard et que l'on avait toujours sur les bras quand on se heurtait à ses desseins. Il s'emparait de votre volonté sans vous prévenir, vous insufflait en échange une parcelle de la sienne et finissait invariablement par vous attacher au service de son maître.

Ainsi, quelque temps avant les élections de la diète de Francfort, au moment où François Ier réunissait le plus d'influences en Allemagne et était si certain de son triomphe qu'il envoyait un ambassadeur à Rome pour commander sa couronne d'empereur à certain orfévre ciseleur, appelé Benvenuto Cellini, qui commençait alors sa réputation, Armerstorff enfonçait à grands coups de canon les portes de Saragosse, en compagnie de son maître.

Un mois plus tard il avait été donner de la tête contre tous les électeurs, il leur avait démontré avec une intarissable jactance que ce qu'ils avaient de mieux à faire était de se parjurer, et, le soir du 28 juin venu, il était en route pour l'Espagne avec le duc de Bavière et le prince Mariana pour aller annoncer à don Carlos qu'il avait été proclamé empereur.

L'année suivante, il s'était aperçu qu'il y avait quelque chose de mystérieux dans la conduite de Chièvres, et il voulut en avoir le cœur net.

Il s'agissait de savoir pourquoi le vieux gentilhomme tenait la volonté de l'empereur captive, et s'opposait, comme de parti pris, sans même se donner la peine de les discuter, aux idées d'envahissement que lui, Armerstorff, se complaisait à semer dans l'esprit ambitieux de son maître.

Un autre mois ne s'était pas écoulé qu'il avait intercepté toute une correspondance entre Chièvres et madame de Châteaubriant et qu'il était fixé sur ce point.

Alors il lui vint une idée.

— Chièvres, se dit-il, est la barrière qui nous sépare de l'avenir... Que diable! la mort est fantasque, et l'occasion ne se présente pas tous les jours de pouvoir mettre la main sur la succession de Charlemagne... Voyons, moi, je suis né pour imaginer de grandes choses, et l'empereur est l'homme qu'il faut pour les exécuter; Chièvres, lui, malgré le poids de son nom et la considération dont il jouit, est le bourgeois niais par excellence qui nous envelopperait, nous et notre intelligence, dans une chaude douillette et nous tiendrait *ad vitam æternam* les pieds sur les chenets d'une cheminée fumeuse, à côté d'un bol de vin national... Décidément, Chièvres est un sot ou il craint les coups de canon pour sa tranquillité personnelle... Il est mon ami, certainement, j'en conviens; mais il a tort d'être plus que cela vis-à-vis de l'empereur, c'est-à-dire de lui imposer, et m'est avis que ce serait un large acheminement vers la gloire future de l'Allemagne s'il venait à mourir.

Sur ce, il alla faire une visite à son ami, le tâta sur toutes les coutures, et finit par lui raconter que l'empereur ne voulait plus de ses conseils, et qu'il avait chargé son ambassadeur à Rome, don Manoel, de conclure une alliance avec le pape pour chasser les Français du Milanais.

Chièvres entra dans une grande colère, et, cette colère calmée, dans son désespoir il voulut aller se jeter aux pieds de l'empereur pour reconquérir la confiance et l'amitié qu'il avait perdues ou se donner la mort.

— Il comprend la situation, se dit Amerstorff en emplissant de vin deux magnifiques coupes de cristal, tournant, par distraction sans doute, le dos à son ami; puis il le retint, l'engagea à boire, le dissuada de son projet, humiliant pour un homme de son caractère, et finit par obtenir de lui qu'il montât à cheval et l'accompagnât à la promenade.

— Voyez-vous, mon ami, dit il au vieillard pour le consoler, vous avez fait votre temps et l'on n'a plus besoin de vous. Vous étiez certainement l'homme qu'il fallait à l'archiduc Charles pour devenir don Carlos, et même le prudent conseiller qu'il fallait encore à don Carlos pour devenir l'empereur Charles-Quint; mais pour atteindre à la taille de Charlemagne, comme, au lieu de sagesse et de prudence, il faut du génie et des combats, vous comprenez que vous devez céder la place à d'autres...

M. de Chièvres répondit qu'il se sentait mal, qu'il avait des éblouissements et des tiraillements d'entrailles.

— En effet..., fit Armerstorff, en remarquant une certaine décomposition dans les traits de son ami.

Et craignant un accident, il l'engagea à rentrer au palais.

Arrivé chez lui, Chièvres se plaignit de violentes douleurs et se mit au lit.

Armerstorff ayant appris qu'il avait demandé de quoi écrire à son secrétaire, attendit dans l'antichambre et s'arrangea de manière que personne ne pût entrer du dehors.

Une heure après, Chièvres était mort d'une maladie inconnue et Armerstorff s'emparant de deux lettres que le vieillard venait d'écrire l'une à l'adresse de l'empereur, l'autre, qui en contenait une troisième, à l'adresse du prince de Mariana; puis il courut à Charles-Quint et lui annonça en termes larmoyants ce qui venait d'arriver, mettant la chose sur le compte de la fatalité.

Mais Chièvres avait si peu cru à la fatalité, lui, en mourant, que, ayant ouvert par mégarde la lettre d'adieu qu'il adressait à son élève, Armerstorff trouva prudent de la garder par-devers lui pour la jeter dans le premier feu qu'il rencontrerait.

Nous rapportons les faits tels qu'ils se sont passés, sans les aggraver par des détails inutiles, et nous laissons aux chroniques du temps la responsabilité de cette relation.

Le lendemain des funérailles de Guillaume de Croy, seigneur de Chièvres, Armerstorff demanda à l'empereur un congé illimité pour aller courir les champs jusqu'à ce qu'il eût pu secouer sa douleur, et il partit pour Paris où le lecteur vient de le retrouver chez la comtesse de

Châteaubriant, à qui il s'était fait annoncer dans la journée.

— Comment! se dit-il en sortant du Petit-Nesle, le roi de France nous comble d'amitiés et d'assurances de dévouement, et entre temps il fait lever une armée au nom d'un autre pour nous faire la guerre?... Pardieu! voilà qui mérite réflexion...

Et, remontant la Seine vers le quai des Augustins, pour regagner l'hôtellerie où il s'était installé dans le vieux Paris, aux environs de Notre-Dame, il fronça les sourcils, fixa sa pensée et se disposa à bien se rendre compte des vues de François Ier; mais le cliquetis bruyant d'une violente estocade attira bientôt son attention sur l'autre rive de la Seine, et il s'arrêta pour tâcher de distinguer, au clair de la lune, de quelle singulière espèce étaient les individus qui se livraient à cet exercice.

— Misérables hoquetons, disait une voix enfantine, au large!

— Sarpejeu! tonnait une autre voix bruyante,

rendre mon épée à des larronneurs, à des tire-laine!...

Et l'estocade continuait de plus belle.

Après quelques minutes de ce combat à outrance qu'Armerstorff entendait distinctement, mais ne pouvait voir, malgré toute la bonne volonté de la lune qui faisait pourtant des miracles de splendeur, il entendit deux corps se précipiter brusquement ou tomber dans un bachot, et, en même temps, la voix enfantine crier : « Au large ! » pendant que des voix de reîtres, qu'on pouvait reconnaître à leurs imprécations, menaçaient et appelaient à l'aide.

La perception du bruit de deux rames, retombant en cadence dans l'eau du fleuve, arriva aux oreilles du chambellan, et bientôt il put voir sortir de l'ombre projetée par le talus du quai, un bachot portant trois hommes, dont l'un, assis, ramait à force de bras, et les deux autres, debout, se serraient cordialement la main.

Le bachot finit par aborder, les deux hommes qui se serraient la main en descendirent pour

entrer au Petit-Nesle, et le passeur se disposa
à amarrer en disant, assez haut pour être entendu d'Armerstorff, qu'il s'était attendu à emporter les amours de deux tourtereaux bien
épris et non de deux hommes pourchassés.

Le lecteur a reconnu **M.** de Chartres dans
l'homme à la voix enfantine et deviné dans
l'autre le maréchal Lautrec, le frère de madame
de Châteaubriant.

— Passeur! passeur! appelèrent les hoquetons, qui étaient demeurés l'épée au poing sur
l'autre rive...

Le passeur fit un moment la sourde oreille,
mais comme il occupait un emploi où l'on pouvait facilement le retrouver, et qu'il avait reconnu dans les gens qui l'appelaient des soldats
de la reine mère, il ne jugea pas convenable de
ne pas aller à eux.

— Diable! qu'est-ce que cela va devenir? se
dit Armerstorff, — nous verrons bien.

En effet, il put voir bientôt.

Le bachot regagna l'autre rive, dix hommes

s'y jetèrent précipitamment et il fut remis à flot.

— En voilà un! dit tout à coup l'un de ces dix hommes en désignant Armerstorff.

— Hein! que dit-il celui-là? pensa le chambellan.

— Oui! oui! répétèrent en chœur les hoquetons.

Et l'on entendit qu'ils menaçaient le passeur d'un plongeon s'il ne se hâtait d'arriver.

— Mais il va faire très-malsain ici, se dit Armerstorff en frissonnant.

Et, mettant tout son courage à ses jambes, il prit, vers son hôtellerie, un temps de galop qui eût fait honte aux chevaux bardés du temps.

Mais plus il courait, plus les hoquetons envoyés par la reine se persuadaient que c'était un de leurs deux prisonniers, et les plus agiles d'entre eux se mirent à sa poursuite, pendant que les retardataires et les blessés appelaient à l'aide.

Malgré la rapidité de sa course, Armerstorff n'était point arrivé à l'autre extrémité du quai des Augustins qu'il était essoufflé et n'avait plus qu'une avance de cinquante pas sur les reîtres.

— En voilà assez, se dit-il ; maintenant expliquons-nous.

Et il s'arrêta.

Un moment après, on lui arrachait son épée, on le prenait à la gorge, et on l'arrêtait au nom de la reine mère.

— Moi ? voulut-il demander.

Mais pour qu'il ne troublât pas par des cris inconvenants, la tranquillité des Parisiens endormis, l'officier qui commandait, et qui avait d'ailleurs à se venger d'une entaille assez profonde que M. de Chartres lui avait faite au bras, l'officier bâillonna le chambellan, et, ainsi étouffa si bien les accents de sa voix qu'il lui devint, pour le moment, parfaitement impossible de se tirer d'embarras.

Ces dispositions prises, l'officier demanda à son prisonnier s'il lui convenait de le suivre de bonne volonté.

Ne pouvant demander où, Armerstorff se contenta de répondre non, par un signe de tête.

— Emportez-le, dit l'officier.

L'ordre fut exécuté malgré la résistance du prisonnier, et l'on redescendit le quai des Augustins pour aller repasser la Seine vis-à-vis du Petit-Nesle.

Les hoquetons s'en allaient, bien certains du succès de leur expédition, et ne désirant plus, pour qu'elle pût s'accomplir sans autre encombre, que de retrouver le passeur à l'endroit où ils l'avaient laissé.

Le passeur était encore dans son bachot; mais au moment où les soldats de la reine allaient y descendre, une nouvelle troupe d'une vingtaine d'hommes s'élança, la hallebarde au poing, et leur barra le passage.

Aussitôt, les hommes qui portaient Armerstorff le remirent sur pied et se préparèrent à la défense.

— Rendez-vous, tas de larronneurs! cria une voix tonnante; bas les armes, sarpejeu!

Les hoquetons, voyant leur infériorité numérique, voulurent reculer; malheureusement ils étaient acculés à la Seine, et, de la manière dont ils étaient cernés, il était facile de comprendre que, à moins qu'ils ne se rendissent, leurs agresseurs allaient les précipiter dans les flots tourbillonnants qui battaient en cet endroit les aspérités du roc.

— Rendez-vous! répéta la voix qui avait déjà commandé.

L'officier fit signe à ses hoquetons et s'élança.

La lutte fut terrible.

Les nouveaux assaillants repoussèrent avec violence les furieux qui ne voulaient pas se rendre, et les précipitèrent tout meurtris dans la Seine; ils se contentèrent de désarmer les autres et leur laissèrent prendre la fuite.

Armerstorff, qui ne comprenait rien à la manière inattendue dont il avait été délivré, s'efforçait d'arracher son bâillon afin de pouvoir remercier son sauveur.

Le passeur, témoin de toute cette scène, faisait des miracles d'agilité pour recueillir les soldats de madame Louise de Savoie, qui plongeaient comme une volée de canards.

IV

— Louise de Savoie. —

Depuis quelque temps déjà, le connétable de Bourbon était en disgrâce à la cour, et l'on commençait à parler ouvertement de l'intention qu'avait le roi de le dépouiller de ses biens.

Maintenant, on est parfaitement fixé sur les causes de cette disgrâce, on sait que le seul crime du noble duc avait été de repousser l'amour de la reine mère et de mépriser les avances de cette misérable femme; mais alors les bruits les plus sinistres s'accréditaient sur

son compte : on parlait de trahison, de dés-
obéissance au roi, et on allait même jusqu'à
insinuer qu'il avait abusé de sa confiance. Lautrec seul savait à quoi s'en tenir sur ce point :
il était l'ami du connétable, et celui-ci lui
avait ouvert son cœur.

Or, repoussée avec humiliation d'un côté,
Louise de Savoie avait tourné les yeux
d'un autre, et le hasard avait voulu qu'ils
s'arrêtassent sur Lautrec, que, du reste,
personne ne savait dans la confidence du connétable.

Louise de Savoie était née en 1476; elle avait
donc, à cette époque, quarante-cinq ans environ. Mariée à l'âge de douze ans à Jean d'Or-
léans, comte d'Angoulême, qui lui avait donné
François Ier, et restée veuve toute jeune encore
avec des passions insatiables et des vices sans
nombre, elle eut d'abord assez de prestige et
de beauté pour être aimée encore et pouvoir
choisir parmi ses adorateurs; mais sa beauté
avait eu le sort de toutes les plus belles choses

de ce monde, les passions étaient restées et la femme n'était pas vaincue.

Lautrec avait son âge, et comme, sous sa rudesse de soldat, il avait toujours su s'imposer devant la reine une courtoisie exquise, la femme s'était mise à lui supposer des tendresses qu'il n'avait pas et l'avait attiré à elle. Lautrec avait cru, d'abord, qu'elle regrettait les insinuations perfides par lesquelles elle avait perdu le connétable, et qu'elle cherchait un rapprochement, mais, dans la journée du 24 mai, elle avait pris Lautrec à part, dans l'embrasure d'une fenêtre, pour lui dire :

— Ce soir, à neuf heures, à la porte du petit parc qui ouvre sur la tuilerie.

C'est de ce rendez-vous que sortait le maréchal, quand nous l'avons vu repasser par la porte, poursuivi par dix hoquetons.

Nous allons tâcher d'expliquer comment ce dénoûment brutal était venu marquer la fin d'une heure d'amour.

— Sarpejeu ! s'était préalablement demandé

Lautrec en rentrant chez lui, quel rôle cette diablesse veut-elle donc me faire jouer?

Et, s'étant beaucoup et longuement creusé l'imagination, il en était arrivé à supposer que l'on voulait se servir de lui pour arrêter le connétable, et le conduire en exil ou dans le fond de quelque cachot d'où il ne sortirait plus jamais.

— Ce doit être quelque chose de ce genre, se disait-il en s'en allant tout désolé, et j'ai été aveugle de ne pas deviner quelque vilenie sous les sourires et les gentillesses dont on m'honore depuis près d'un mois... Sarpejeu! nous verrons bien si elle osera me proposer une pareille mission!

Longtemps avant l'heure, l'impatiente reine se promenait dans le petit parc où elle venait de congédier ses filles d'honneur, au grand désespoir de mademoiselle de Chantrailles qui aurait désiré, s'il n'était pas possible de voir M. de Chartres ce soir-là, d'entendre au moins les accents de sa voix pour charmer son cœur, d'ouvrir furtivement la porte et de lui tendre sa petite main. Anne avait donc suivi ses amies, mais, rentrée au château, elle avait laissé se disperser les joyeuses folles et s'était mise au guet, pour saisir le moment où la reine rentrerait et courir à la petite porte du parc, s'il en était temps encore.

A neuf heures précises, elle vit cette porte s'ouvrir, une femme attendre et un homme apparaître.

C'était Lautrec.

— Aussi fidèle que brave! dit la reine en lui tendant la main.

Lautrec ôta son chapeau, baisa respectueusement la main qu'on lui tendait et balbutia quelques paroles qui témoignaient de sa surprise et de son inquiétude.

La reine referma la porte, et, reprenant la main du maréchal, elle le conduisit jusqu'à un banc de gazon, à l'ombre d'une tonnelle, où elle le fit asseoir tout près d'elle.

Le banc était si étroit, que, malgré tous les

...... de Lautrec pour se ranger, il s'y trouva ... à côte avec la reine.

— Me pardonnez-vous de vous avoir fait venir, maréchal? lui demanda-t-elle tendrement, retenant toujours captive la main que, dans son trouble, Lautrec s'efforçait de lui retirer.

— Moi vous pardonner, Majesté, répondit-il, pardonner à Votre Majesté de m'avoir fait venir...?

— Gardez donc la banalité de ces titres pour m'en rassasier à la cour, interrompit la reine.

Elle se figurait qu'à la façon dont elle avait préparé l'entrevue, Lautrec était assez prévenu qu'il allait à un rendez-vous d'amour, et, nous l'avons dit, elle s'était si bien méprise à sa courtoisie qu'elle croyait réaliser le désir le plus ardent du maréchal.

Lautrec chercha un respectueux diminutif et ne trouva que : Madame.

— Madame..., reprit-il tout tremblant.

— Dites Louise, interrompit la reine avec

une inflexion caressante, presque à l'oreille de son chevalier.

— Moi! se récria le maréchal, m'oublier à ce point vis-à-vis de Votre Majesté?… Jamais, madame, je n'oserais me le permettre.

Et il se dit en lui-même :

— Sarpejeu! que peut-elle avoir à me demander pour m'offrir de pareilles arrhes?… Ah! mon pauvre Bourbon!

— Voulez-vous déjà me faire repentir de vous avoir accordé ce que vos désirs discrets ont sollicité si longtemps? reprit la reine.

— En voilà bien d'une autre! pensa Lautrec.

— Hélas! c'est que si les années ont passé sur ma tête, il m'est toujours resté au cœur un foyer ardent que rien n'a pu éteindre; c'est que à travers les passions qui ont sillonné ma vie, j'avais rêvé un de ces attachements durables qui reposent doucement l'âme… Ce qu'il me fallait à moi, c'était la tendre affection que je ressens en ce moment, une affection qui eût sanctifié mon existence.

La reine se tut à ce point de son improvisation et appuya sa tête sur l'épaule du maréchal.

— Sarpejeu! se dit celui-ci, croyant toujours qu'il était question du grand connétable, voilà qui me fait singulièrement revenir de mes préventions... Je comprends; la malheureuse aime véritablement mon ami, et elle souffre plus que lui de sa disgrâce.

— Ah! je voudrais bien qu'un nouveau Christ demandât à tous ces gens qui me méprisent tout bas quel est le premier d'entre eux qui oserait me jeter la pierre!... Dites, maréchal... serait-ce vous?

— Ah! madame! moi, jeter la pierre à Votre Majesté?...

— Dites Louise... Vous ne me condamnez point, vous, n'est-il pas vrai?

— Je vous respecte et vous admire, madame.

— Non, vous ne m'admirez pas; on n'admire plus une femme de mon âge... seulement, on peut l'aimer encore.

— En ce cas, c'est que j'aime Votre Majesté,

madame, parce que je suis prêt à donner ma vie pour elle.

— Oui, n'est-ce pas? vous m'aimez, vous! s'écria la reine en enlaçant de son bras le cou du maréchal.

Et, la respiration suspendue, les lèvres entr'ouvertes, elle attendit une réponse.

— Comment! pensa Lautrec, ne voilà-t-il pas encore assez d'assurances de dévouement pour qu'elle ose me confier son secret?

— Répétez ces paroles, maréchal, reprit la reine; oh! dites-moi que cette loyale affection que cet attachement dévoué qui manquaient à ma vie, je les ai enfin trouvés!

— Certainement, continua à penser Lautrec, mais, sarpejeu! pourquoi tient-elle mon pauvre ami à distance et disgracié, si sa loyale affection et son attachement dévoué lui sont si nécessaires?

— Oh! répétez encore ces douces paroles qui reportent mon souvenir dans le passé de ma vie jusqu'à ces jours où, belle et adorée, jeune et

je m'enivrais de ces charmants propos
d'amour ! Redites-moi que vous m'aimez, que je
n'ai point encore perdu mes derniers charmes,
que nous rêvions tous les deux, qu'il n'est pas
possible que j'aie un fils sur le trône de France;
enfin, que je suis encore jeune et toujours
belle !... Dites-moi que les trésors de l'amour
ne me sont point fermés à jamais, et qu'il me
reste à passer sur cette terre, dans ce château
où nous nous perdrons à deux, des jours
rayonnants et des nuits de délire !

— Pardon, madame, interrompit Lautrec en
levant stupéfait, c'est à moi, l'ami du duc de
Bourbon, que Votre Majesté fait l'honneur d'a-
dresser ces paroles?

La reine pâlit, et, après un silence aussi
troublant que l'on peut se le figurer, se leva à
son tour.

Si elle avait pu voir Lautrec, elle l'aurait
trouvé rouge de honte et tremblant d'indigna-
tion.

— Madame, reprit-il, dites-moi que vous

étiez folle, que vous aimez le connétable, que vous avez honte de votre conduite vis-à-vis de lui, et que la folie de cet amour vous a emportée jusqu'à vous figurer un instant qu'il était à ma place à côté de vous...

— Ah! rugit sourdement la reine, avec l'accent rauque de la panthère blessée à mort.

— Était-ce à moi, madame, répondez, que vous adressiez ces paroles d'amour?

— J'étais folle! avez-vous dit, j'étais folle! murmura-t-elle. Ah! Seigneur Dieu! cette humiliation, vous la payerez!... Maréchal, maréchal, vous ne savez pas contre qui vous voulez lutter...

Louise de Savoie était dans un état indescriptible : ses dents claquaient fiévreusement les unes contre les autres, des larmes de fureur sillonnaient ses joues, sa main agitée semblait chercher une arme, et ses yeux jetaient des flammes comme les yeux d'une bête fauve.

— Chabrolle! Chabrolle! cria-t-elle à son capitaine des gardes.

— Mais vous n'aurez pas l'impudence de proclamer cette infamie, sans doute? dit Lautrec. Silence, madame : votre fils est roi de France !

— Chabrolle, répéta la reine en s'élançant vers une aile du bâtiment où il y avait un poste de hoquetons.

— Par respect pour le roi, madame, silence !

Mais la reine n'écoutait que sa fureur et n'entendait plus Lautrec, qui s'arrêta pétrifié au point où il s'était trouvé en se levant.

Un moment après, elle revint presque radieuse.

— Je serai vengée..., dit-elle sourdement.

Elle avait donné ordre, à un page qui s'était trouvé sur son chemin, d'aller informer le capitaine des gardes que le maréchal Lautrec s'était introduit furtivement dans le petit parc et l'avait outragée, pour venger son ami, le connétable de Bourbon.

C'est alors qu'on entendit la douce voix de M. de Chartres appeler son amie, et que, sans ajouter un mot, mais en écrasant son adversaire d'un regard de mépris, Lautrec s'était dirigé vers la porte pour fuir loin de cette furie menaçante qui venait de se dresser devant lui.

— Anne, la pauvre enfant, — elle avait seize ans alors, — Anne avait tout entendu, et, plus honteuse que la reine, elle se soutenait à la muraille.

De cette position, après que la reine se fut éloignée une seconde fois, elle entendit encore la scène qui eut lieu entre le maréchal et M. de Chartres.

M. de Chartres, dans son coupable aveuglement, allait jusqu'à supposer que ce pouvait être avec son amante que Lautrec avait eu une entrevue!

Qui se serait jamais figuré aussi que dans ce parc presque oublié où les deux enfants se voyaient chaque soir depuis un mois, on eût pu rencontrer l'ami du connétable de Bourbon et la reine Louise de Savoie?

D'abord, Anne n'osait se montrer; tant elle

peur d'être compromise, et elle attendait, espérant qu'un incident quelconque, un mot prononcé au hasard, allait finir ce quiproquo; mais le mot ne fut pas prononcé, et l'incident, qui se produire, devait absolument venir de elle-même. Enfin, voyant M. de Chartres, l'épée à la main, insulter le maréchal, tremblante pour la vie du jeune homme qu'elle aimait de toute l'ardeur virginale de ses seize ans, elle s'était élancée.

Nous savons le reste.

Pendant ce temps, le page courait à la garde pour lui transmettre l'ordre de la reine.

En un instant, dix hoquetons furent sur pied, et, conduits par leur officier, se mirent à la poursuite du fugitif.

Après avoir traversé la tuilerie, Lautrec avait pris la rue de l'Arbre-Sec et remontait rapidement vers la Seine.

Les hoquetons le rejoignirent.

— De par l'ordre de la reine, je vous arrête! dit l'officier. Votre épée, maréchal.

— Mon épéc! se récria Lautrec en la tirant du fourreau ; venez la prendre !

C'est alors que M. de Chartres était arrivé.

— Maréchal, dit le jeune homme, nous sommes deux, courage !

Et, se frayant un passage à travers le cercle qui entourait Lautrec, il le rejoignit.

— Battons en retraite, défendons-nous et suivez-moi, ajouta-t-il tout bas.

C'est ainsi, en parant de leur mieux les coups qui leur étaient adressés et en en rondant le plus possible, qu'ils avaient pu atteindre au bachot, qui, on se le rappelle, avait été retenu pour deux personnes par M. de Chartres.

Seulement, la seconde personne sur laquelle il avait compté pour faire mériter au passeur les deux écus payés d'avance, ce n'était pas le maréchal.

Le jeune homme avait entendu dire que l'on ne parlait plus à la cour que de la beauté de mademoiselle de Chantrailles, et, dans sa jalousie candide, de crainte que le roi n'eût voulu s'assurer par lui-même de ce qui en était, il s'était proposé d'enlever la fille d'honneur et de là ramener dans sa famille.

V

— Où la reine mère se venge. —

Le lendemain matin, on annonça l'arrivée du roi au château de la Tuilerie ; la reine mère l'avait fait prévenir par le grand prévôt qu'elle désirait lui parler sans retard, et, heureux de trouver cette distraction pour s'arracher un moment à ses graves préoccupations, il se rendait à l'appel de sa mère.

Il avait avec lui le duc d'Alençon, le marquis d'Eu et Bonnivet, son favori, celui-là même qui s'était si bien distingué en 1507 au siège de

Gênes, en 1513 à la journée des Éperons, et qui n'attendait que la bataille de Pavie pour se faire tuer.

— Ah! vous voilà, sire, lui dit la reine en allant à lui; merci d'être venu : j'ai à vous entretenir d'affaires très-graves.

— Vraiment! ma mère? s'écria vivement le roi en lui baisant la main. Voyez comme je suis malheureux! je venais ici pour me distraire.

— Ah! sire.

— Demandez à Bonnivet. L'empereur Charles me rompt tellement la tête que j'en deviens fou.

Et, ôtant son chapeau, il s'assit dans un fauteuil en brocart aux fleurs de lis que lui avançait un page.

— N'est-il pas vrai, Bonnivet? ajouta-t-il en s'adressant à son favori.

— Il est vrai de dire, sire, répondit celui-ci, que toute autre tête que celle de Votre Majesté n'y tiendrait pas...

— Vous voyez, madame ma mère; je ne le lui soufflerpas... Je fuis donc les affaires, devi nant sous votre gracieuse épître une bonne distraction ; et que trouvé-je en arrivant à vous ? Encore une affaire grave ! — Vous verrez, Bonnivet, que je n'en sortirai plus.

— Votre Majesté est née pour les grandes choses, sire.

— Ils le diront tant, que je finirai par le croire. Est-ce votre avis aussi, d'Alençon ?

— Parfaitement, sire.

— Et vous, marquis d'Eu ?

— C'est ma conviction, sire.

— Ah ! ah ! ah ! s'écria le roi en se levant. Savez-vous bien pourquoi, ma mère, c'est l'avis et la conviction de ces messieurs que je suis né pour les grandes choses ?

Voyant la joyeuse humeur de François Ier, la reine mère s'appuya à son bras et le conduisit, comme par distraction, vers une fenêtre qui était ouverte et donnait sur le petit parc.

— Voyons, sire ? dit-elle.

— D'Alençon, c'est pour que je mette une armée en campagne durant la disgrâce du grand connétable, et que je lui en donne le commandement...

La reine fit un mouvement, et d'Alençon rougit en balbutiant une dénégation respectueuse.

— Et d'Eu!... Faut-il dire pourquoi vous prétendez que je suis né pour les grandes choses, marquis?

— Parce que c'est ma conviction, répéta le marquis en tremblant.

— Ouais! c'est pour que je ne m'occupe point des petites filles... Vous êtes écarlate depuis le jour où je vous ai prié de présenter mademoiselle d'Eu à la cour.

La reine et d'Alençon se mirent à rire.

— Mais, mon Dieu! ma mère, que vois-je donc là? reprit le roi en se penchant en dehors de la fenêtre.

— Où donc, sire? demanda-t-elle avec étonnement, pendant que d'Alençon et d'Eu se rapprochaient craintivement.

— Là-bas... sous cette charmille... cette jeune fille qui passe, les cheveux au vent, dans un rayon de soleil, les bras pendants et la tête penchée...

— Qu'elle est belle! s'écria le marquis en admiration, pour faire, autant que possible, oublier sa propre fille.

— En vérité, appuya le roi, j'ai rarement vu de beauté plus accomplie. Quelle est-elle, ma mère?

— C'est mademoiselle Anne de Chantrailles de Pisseleu, sire, une de mes filles d'honneur.

— Mais je ne l'avais jamais vue, il me semble.

— C'est possible, sire; elle est attachée à ma personne depuis un mois à peine, et elle a tant de pudeur qu'elle ne se doute pas même de sa beauté.

Le roi demeura un moment en extase devant cette douce apparition; puis, pensant qu'il pouvait peut-être rendre un service à sa mère, et, de plus, qu'elle était femme à le lui payer, il reprit la conversation en demandant pourquoi on l'avait fait prier de passer au château de la Tuilerie.

— Sire, répondit-elle en prenant un ton grave, un gentilhomme m'a insultée, et je voulais vous demander justice.

— On a osé insulter ma mère! s'écria le roi.

— Un gentilhomme s'est introduit furtivement, à une heure indue, dans ce parc, sire...

La reine mère fit une pause, en arrêtant ses yeux sur les trois courtisans qui accompagnaient son fils.

— Laissez-nous, messieurs, leur dit le roi, comprenant ce regard.

Puis, lorsqu'ils furent sortis, quittant la fenêtre, il alla reprendre sa place sur le fauteuil qui lui avait été avancé.

— Que dites-vous donc là, ma mère? reprit-il.

— Je dis, François, sanglota la reine en se cachant la figure pour que l'on ne pût voir tout ce que ses sanglots avaient de faux, je dis que le comte Odet de Foix, le maréchal Lautrec, m'a mesurée hier à la taille de madame de Châteaubriant...

— Lautrec ! s'écria le roi avec étonnement. Ah ! ma mère, vous voulez me perdre.

— Vous perdre, François ! parce que je vous demande justice !

— Eh ! ne voyez-vous pas que vous abattez un à un les piliers de mon trône ? Hier, c'était le grand connétable, aujourd'hui c'est Lautrec, demain ce sera Bonnivet... Après eux, je vous le demande, que me restera-t-il ?

— Moi... qui serai plus forte qu'eux tous !

— Plus terrible, ma mère !

— Soit, plus terrible, si vous voulez ; mais n'ai-je pas droit de l'être ?... Jugez-en. C'était hier soir. Cet homme — que vous appelez l'un des piliers de votre trône — s'est introduit dans ce parc. Comment ? Je l'ignore. Je m'y promenais seule, sans autre garde que mon titre de mère du plus grand roi de l'Europe, il s'est jeté à mes pieds et m'a fait des propositions qu'il n'eût point osé faire à votre maîtresse. J'ai appelé à mon secours ; il a fui ; j'ai envoyé une garde après lui pour le saisir.... Savez-vous ce qu'il a fait alors? Il a armé contre cette garde la valetaille de sa sœur... madame de Château-briant... et il a jeté mes hoquetons dans la Seine !

— La valetaille de sa sœur?... Vous dites que madame de Châteaubriant a laissé armer sa valetaille contre vos gardes?

Madame Louise de Savoie crut qu'elle en avait dit assez et se tut.

— Pas d'éclat, ma mère, pas de scandale, dit le roi, et je nous vengerai tous les deux, enten-dez-vous?

En parlant ainsi, une nuance de bonheur se dessinait dans ses traits, et il semblait oublier que, s'il se vengeait de Lautrec, il allait abattre un des piliers de son trône.

Il s'accouda au fauteuil, appuya son front sur sa main et se mit à réfléchir.

— Oui, reprit-il avec un sourire, oui, je nous vengerai; mais ma vengeance, par ma foi! sera plaisante... Voyons, ma mère, il faut bien nous entendre et surtout parfaitement nous comprendre. Ce que je vois de plus clair là dedans, moi...

Au lieu de terminer sa phrase, le roi se leva et marcha soucieusement vers la fenêtre, au balcon de laquelle il s'appuya, l'œil fixé sur la chaste fiancée de M. de Chartres, qui jouait au soleil sur un tapis de mousse émaillée de l'éclat des fleurs et des perles de la rosée.

— Eh bien? dit la reine mère avec un éclair de joie dans les yeux.

— Eh bien! madame ma mère, je vois là dedans une occasion de ressaisir ma puissance tout entière, et, vive Dieu! j'en remercie le ciel!

La reine avait compris; mais sous la reine il y avait la mère, et, baissant pudiquement les yeux, elle garda le silence.

François 1er avait beaucoup aimé madame de Châteaubriant, et, comme l'amour est aveugle, il ne s'était pas d'abord aperçu que, insensiblement, la favorite s'immisçait dans les affaires d'État et prenait, à côté du roi, une autorité qui minait sa puissance absolue; cependant, les suites naturelles de la satiété s'étant produites, le jeune homme avait ouvert les yeux et regardé autour de lui... Trop faible encore pour briser de sa main puissante le fil qui correspondait à son cœur, sans avoir une raison à donner à sa brutalité, il s'était résigné à attendre.

— Oh! oh! se dit-il alors, la maîtresse du roi en révolte ouverte, à main armée, contre ma mère!

N'était-ce pas là vraiment une raison bien puissante qu'il trouvait tout à coup à se donner?

Madame de Châteaubriant n'eût point été en cause, que le roi aurait excusé Lautrec envers et contre tous; la fatalité était avec lui, et il serait frappé par contre-coup.

Dailleurs, raisonnablement, qu'eût-il pu lui refuser, à cette mère qui comptait, parmi ses demoiselles d'honneur, cette belle et douce enfant à qui l'on permettait de se promener seule, dans ce parc privilégié, à ce moment de la journée où le roi y reposerait inévitablement son regard?

— Eh bien, ma mère, reprit-il, vous disiez donc...?

— Que je demande justice, sire.

— Fort bien ; et moi je vous disais, si j'ai bonne mémoire, que vous vouliez abattre les piliers de mon trône.

— François...

— Et j'ajoutais : Entendons-nous bien et sachons nous comprendre. Or, le grand connétable est en disgrâce, et l'on prétend — vos ennemis, ma mère, je le suppose, — tout le monde prétend qu'il donne à cette disgrâce de fort mauvaises raisons...

Louise de Savoie pâlit affreusement, mais le roi se caressait le menton de la main et ne quittait pas de vue la demoiselle d'honneur, si bien que la reine ne put remarquer l'expression de physionomie qui accompagnait ces paroles.

Pour l'édification du lecteur, nous pouvons lui dire que le connétable de Bourbon attribuait sa disgrâce au refus qu'il avait fait de l'amour de la reine mère.

— Vous m'objecterez à cela que la Bastille est un tombeau, ma mère, et que je devrais la prendre pour confidente de nos secrets... Ce serait, en vérité, le seul moyen de ne plus rien en entendre transpirer; mais ce serait aussi jouer ma couronne. L'empereur Charles attend mon premier mot pour me faire une guerre sans trêve ni merci; si je ne me réserve pas les hommes qui peuvent la soutenir, vous comprenez que je suis perdu. Donc, Bourbon est en disgrâce, mais je lui rends cette disgrâce tellement supportable que, au besoin, je n'aurai qu'à jeter les yeux sur lui pour le faire rentrer en cour d'autant plus dévoué qu'il aura davantage à regagner.

— En vérité, François, voilà de la haute prudence, murmura la reine.

— Bien! je vois que vous me comprenez. Reste Lautrec.

— Un homme qui m'a outragée...

— Oui, vous me l'avez dit. Or, il vous serait fort désagréable de le revoir à la cour?

— En effet, sire...

— C'est trop juste, je me figure tout ce que cela aurait de pénible pour vous ; vous me demandez sa disgrâce, c'est de toute justice et je vous l'accorde.

— Une disgrâce comme celle du connétable ?

— Ah ! c'est que l'un m'est aussi nécessaire que l'autre... Voulez-vous que je mette Bonnivet à la tête de mes armées ?...

— Votre Majesté me fait l'honneur de m'appeler ? demanda Bonnivet en entrant.

Le roi s'était échauffé en parlant, sa parole était devenue stridente et saccadée, et Bonnivet ayant entendu prononcer son nom, avait cru qu'on l'appelait.

— Oui, dit le roi, pour se débarrasser de cet entretien qui lui pesait et pour avoir l'occasion de le ramener sur la fille d'honneur : oui, ma mère me demandait justice et je fais justice.

Le gentilhomme s'inclina jusqu'à terre, pendant que le marquis d'Eu et le duc d'Alençon rentraient à leur tour.

— Messieurs, ajouta le roi en regardant la reine, madame de Châteaubriant est en disgrâce... Bonnivet, vous irez lui annoncer qu'elle est votre prisonnière et que nous lui donnons le Petit-Nesle pour résidence.

Un vague sourire passa sur les lèvres de Louise de Savoie et son regard s'arrêta sur le parc.

— De plus, nous avons à nous plaindre du maréchal Lautrec, et nous verrions avec déplaisir qu'il osât encore se présenter à nos yeux.

D'Alençon et Bonnivet devinrent radieux, à l'espérance que leur donnait cette nouvelle inattendue pour arriver à un commandement; le marquis d'Eu était comme pétrifié.

— Hé! marquis, lui dit le roi d'un air narquois, n'allez-vous pas encore présenter mademoiselle d'Eu à la cour?... Cette pauvre enfant! perdue au fond d'une province avec sa beauté et sa jeunesse!... Pardieu! vous êtes un mauvais père.

— Sire!... s'écria le pauvre marquis, Votre Majesté... ma fille... l'honneur...

— Eh bien, quoi? La majesté, l'honneur et les jolies filles vont fort bien ensemble... N'est-il pas vrai, messieurs?

D'Alençon et Bonnivet s'inclinèrent plus bas que jamais, et d'Eu se remit à balbutier.

— Ah! sire!... le déshonneur d'une noble fille... la honte qui rejaillit...

— Bon! qui parle donc ici de déshonneur et de honte?... Allez! marquis, vous voilà tout décontenancé pour quelques mots innocents.

Le marquis n'en demanda pas davantage et se retira en s'embarrassant dans les tentures pour aller veiller sur sa fille.

— Messieurs, ajouta François Ier, s'adressant à ses favoris, vous êtes libres : dans une heure vous me retrouverez à la porte de ce parc pour rentrer au Louvre.

Resté seul avec la reine mère, le roi manifesta le désir de descendre dans le parc pour oublier un moment les ennuis de sa couronne.

et quelques minutes plus tard il se rencontrait avec la jeune fille au détour d'une allée...

Comme Louise de Savoie ne pouvait pas demander que l'on enfermât tout le monde pour que son secret fût gardé, elle s'était tout bonnement mis en tête de jeter mademoiselle de Pisseleu dans les bras du roi, afin que, sous le poids d'une honte égale et entièrement dépendante du fils, il lui fût désormais impossible d'élever la voix pour condamner la mère.

On se rappelle le moment où la reine, se trouvant face à face avec la pauvre jeune fille, qui, appuyée au mur et se soutenant à peine, venait d'être témoin de la scène qui s'était passée entre la reine et Lautrec; on se rappelle, disons-nous, le moment où la reine, se trouvant face à face avec la pauvre jeune fille, abaissa un doigt sur son épaule en lui disant : « Suivez-moi. »

Depuis ce moment, reconduite par la reine elle-même dans ses appartements, elle y était demeurée prisonnière et n'en était sortie que pour faire cette promenade dans le petit parc, que la reine avait eu la prudence de lui faire prescrire par son médecin, le matin même.

En se rencontrant avec le roi au détour d'une allée, Anne eut un moment d'étonnement si marqué, qu'elle laissa tomber son éventail en jetant un faible cri.

Voyant son fils, le chapeau à la main, se baisser pour relever cet éventail, la reine-mère laissa retomber de leurs patères les tentures de la fenêtre et sonna sa lectrice ordinaire, madame de la Mothe-Vaudron.

VI

Maintenant, si le lecteur veut bien se confier à notre garde, nous repasserons la Seine avec lui, nous nous dirigerons vers le Pré-aux-Clercs que nous traverserons dans toute sa largeur, et nous arriverons par le chemin le plus court, c'est-à-dire en ligne droite, à travers champs et fossés, à une demi-lieue de ce point de la France illustré par tant de duels, dans un petit château-fort, tapissé de lierre et de pampre, où nous aurons l'avantage de retrouver quelques-uns des acteurs que nous avons mis en scène.

Ce château, disons-le tout d'abord, était le domaine de Chartres.

Il avait été bâti vers l'an 1276, par Guillaume de Chartres, clerc ou chapelain du roi Louis IX, à son retour de la Palestine où il avait accompagné son maître, et était habité maintenant par le comte de Chartres, un descendant naturel de ce clerc ou chapelain, lequel avait séduit par ses oremus une barbare dont la tradition n'a pas conservé le nom.

Le comte de Chartres actuel, que nous retrouvons dans son domaine, avait quatre-vingts ans environ, était sourd, aveugle et muet, veuf d'une demoiselle de Vivetières à qui il avait donné son nom, et père de Guillaume, le tendre et vaillant jeune homme que nous avons trouvé à la porte du petit parc de la Tuilerie, adorant mademoiselle de Pisseleu, et laissé sur le quais de la Seine, précipitant les houguenots de la reine mère dans le fleuve, en compagnie du maréchal Lautrec.

C'était le soir, le lendemain du jour où le jeune homme avait sauvé le maréchal, c'est-à-dire le soir même du jour où le roi était descendu dans le parc avec l'intention évidente d'y rencontrer mademoiselle de Pisseleu, après avoir donné ordre à Bonnivet de déclarer à madame de Châteaubriant qu'elle était prisonnière au Petit-Nesle.

Le comte de Chartres était assis à une table, dans un grand fauteuil, vis-à-vis de Guillaume, ayant Lautrec à sa droite et Armerstorff à sa gauche; le dîner venait de finir et la conversation s'était engagée depuis un moment.

— J'en demande bien pardon à M. de Chartres, interrompit tout à coup Lautrec, mais puisque M. le comte est sourd, aveugle et muet, il me semble que nous pourrions causer un peu de nos personnes et nous concerter sur ce qu'elles ont de mieux à faire.

— Certainement, maréchal, dit M. de Chartres, et pour rendre à tout seigneur tout honneur, nous commencerons par vous.

Le comte, parfaitement indifférent à tout ce qui se passait autour de lui, se remua dans son fauteuil, croisa ses jambes l'une sur l'autre, ses mains sur son large abdomen et pencha sa tête sur sa poitrine.

— En effet, appuya Armerstorff, la position du maréchal est assez critique.

— Oui, monseigneur, en effet.

— Eh bien, maréchal?

— Il paraît que j'ai voulu enlever la reine mère.

— Bon! s'écria de Chartres, il paraît seulement?

— Sarpejeu! n'est-ce pas déjà trop? Qui diable aurait le courage de lever des mains téméraires sur du fruit défendu de cette qualité?

— Ainsi, demanda Armerstorff en riant de cette saillie, vous aviez escaladé les murs du petit parc, à neuf heures du soir, pour aller vous y promener?

— Ça, mais vous êtes charmant, vous, prince

de mettre une pareille supposition sur le compte de mes vieilles jambes...

— D'habitude ce n'est pourtant pas par la fenêtre que l'on entre dans un enclos qui n'en a pas...

— C'est justement pourquoi je suis entré par la porte.

— Bien! dit Chartres, qui connaissait la main qui avait le privilége d'ouvrir cette porte, la situation se dessine : il y a, d'abord, effraction.

— Comment, effraction?... mais, sarpejeu! j'ai trouvé la porte ouverte.

— Ah! fit Armerstorff.

— Voilà qui n'est guère admissible...

— Ça, mon belliqueux ami, vous n'allez pas douter de ma parole, assurément?

Chartres s'inclina avec humilité devant cette réplique et garda son étonnement pour lui.

— Il faut convenir, maréchal, reprit Armerstorff, que pour nous, qui ne sommes pas au fait, il y a, dans ce récit plein de restrictions, que vous nous faites depuis hier, des circonstances qui peuvent échapper à notre compréhension.

— Quoi de plus naturel que de trouver une porte ouverte quand on vous y attend?

— Quand on vous y attend?

— Eh! parbleu, oui... Je vous ai bien dit il paraît que j'ai voulu enlever la reine; mais le fait est que ce n'est pas ma faute si je n'ai pas été enlevé par elle.

L'intérêt de Chartres et d'Armerstorff s'excita au plus haut point par cette révélation, et Lautrec leur raconta son aventure dans tous ses détails, ce qui leur fit fort mal augurer de la sûreté personnelle du maréchal.

— Diable! dit Armerstorff, le plus prudent à mon avis, serait de trouver une retraite sûre où vous puissiez attendre le bon plaisir du roi pour rentrer à la cour.

— La retraite est toute trouvée! s'écria M. de Chartres. Le château de mon père offre aux amis de son fils une retraite certaine à l'abri de toute suspicion, et je suis fier, maréchal, de vous l'offrir.

— Grand merci! jeune homme, dit Lautrec en prenant la main que Guillaume lui tendait; mais je me ferais un crime d'accepter cette hospitalité si généreusement offerte, comme ce serait un crime à moi de me cacher. Si l'on ne veut plus me voir, qu'on me fourre à Vincennes; mais il ne sera point dit que je ne m'y serai pas prêté de bonne grâce.

— Maréchal, y pensez-vous?... Si vous aviez un homme pour ennemi, et que cet homme fût le roi lui-même, je comprendrais cette bravoure; mais vous ne pouvez pas lutter contre la ruse d'une femme aussi puissante que la reine mère.

— Je suis de votre avis; aussi ne lutterai-je pas. Néanmoins je ne puis accepter une hospitalité qui pourrait vous attirer la disgrâce du roi.

Le comte, qui s'endormait, poussa un profond soupir et étendit ses jambes grêles sur un petit tabouret à sa portée.

— Nous reparlerons de cela, dit Chartres en remplissant les verres de ses convives.

Et, pour ne pas être mis en demeure de raconter devant Armerstorff les motifs qui l'avaient conduit à la porte du parc du château de la Tuilerie au moment où Lautrec en sortait, il demanda au chambellan de l'empereur Charles-Quint quelles étaient les circonstances qui avaient pu l'amener, à l'heure où ils l'avaient rencontré, sur les quais de la Seine, où l'on ne rencontrait à cette époque que des larrons toujours prêts à vous couper la bourse.

— Je passais, répondit-il simplement, et vous savez le reste, messieurs. On m'avait pris pour l'un de vous, et l'on m'emportait bâillonné le diable sait où.

— Parbleu ! fit Lautrec, vous ne nous affirmerez pas, monseigneur, que vous ayez quitté la cour de Charles-Quint pour venir vous promener, à dix heures du soir, sur le quai de la Seine...

— Si, vraiment, maréchal. Le besoin de

distraction, le désir de voir Paris et d'admirer de près les splendeurs de votre cour, n'est-ce pas vraiment plus qu'il n'en faut pour expliquer ce voyage?

— Si vous étiez le premier venu, monseigneur, ce serait admissible...

— Voulez-vous que je vous le jure?

— Oh! monseigneur!... Eh bien, vous l'avouerai-je? connaissant votre nom et votre position, je vous avais d'abord pris pour un agent diplomatique envoyé à Paris pour nous déclarer la guerre.

— Vous vous étiez trompé, maréchal... Mais à propos de guerre, vous comprenez que si j'étais réellement un agent diplomatique, avec les vues que l'on prête à l'empereur, la cause de cette déclaration serait toute trouvée dans cette arrestation illicite que vous pourriez qualifier de guet-apens.

— En vérité, dit Chartres, elle serait assez raisonnable.

Cette conversation fut interrompue par un

laquais du comte qui entra, porteur de deux messages, l'un à l'adresse de **M.** de Chartres, et l'autre à l'adresse du prince de Mariana.

— Bon! s'écria étourdiment le maréchal voyez combien la retraite est sûre! Monseigneur est inconnu de tout le monde à Paris, et on l'a déjà découvert... Je ne m'étonne vraiment que d'une chose, c'est de ne pas avoir encore reçu un message du grand prévôt qui m'ordonnât de me mettre à la disposition d'une escorte de reîtres jusqu'à la Bastille!

Aussi intrigué de son message qu'Armenstorff du sien, M. de Chartres demanda au laquais qui les avait apportés au château.

C'était un page à cheval, venant de Paris; il avait refusé de se nommer et même de dire par qui il était envoyé.

— Quelle livrée portait-il?

— Aucune, monsieur le comte; il était habillé de noir, et le cheval ne portait aucun chiffre sur son harnais.

— Allons! messieurs, allons! voilà l'intrigue qui commence, et vous en avez le premier mot entre les mains.

— Vous permettez, maréchal?

— Comment donc, prince! S'il n'y a pas d'indiscrétion, je suis aussi pressé que vous-même de savoir ce qu'on vous veut.

Armerstorff et M. de Chartres s'empressèrent de décacheter leur message et le parcoururent rapidement des yeux.

— Bon! pensa le prétendu prince de Mariana en comprimant de son mieux un sourire, en voilà bien d'une autre à présent!

Et, relevant la tête :

— Messieurs, ajouta-t-il tout haut, probablement pour couper court à toute autre explication, vous me voyez ravi...

— Bravo! sarpejeu, monseigneur, je bois à l'événement heureux qui vous arrive!

— Oh! il est fort simple. — A votre santé, messieurs. — C'est une bonne fortune.

— Bravo! plus que jamais... mais qu'avez-vous donc, M. de Chartres?... serait-ce une mauvaise nouvelle?

— Du tout, maréchal, du tout. Au contraire.

— On ne le dirait pas à la figure que vous lui faites.

— C'est que, toute bonne qu'elle est, je la trouve au moins étrange...

— Peut-on savoir?...

— Mon Dieu! oui; seulement, comme la personne qui m'écrit réclame de mon honneur le secret le plus absolu, je ne vous en dirai pas plus que ce que vient de vous dire monseigneur sans nommer personne ni vous indiquer le lieu où l'on m'appelle : c'est une bonne fortune.

Chartres et Armerstorff se regardèrent.

— Encore? Sarpejeû! voilà qui est au moins singulier. Deux rendez-vous d'amour transmis par le même courrier à deux personnes différentes?

— C'est sans doute un courrier d'amour.

— Au moins n'est-ce pas à la même heure, je suppose?

— Neuf heures, dit Chartres.

— Dix heures, ajouta Armerstorff en relisant son message.

— Et le même jour?

— Ce soir.

— Ce soir même.

— De la même personne, peut-être...

— Ah! maréchal, fit le jeune homme en rou-gissant.

— C'est trop juste, j'approuve votre discré-Et vous êtes bien sûrs, messieurs, qu'il pas erreur? qu'aucun des deux messages à mon adresse? demanda-t-il en partant grand éclat de rire.

de Chartres et Armerstorff lui firent cho-tout en repliant soigneusement les deux parfumés qu'ils venaient de recevoir et glissant dans la poche de leur pourpoint.

Eh bien! reprit le maréchal, pour peu que course soit longue, il est à peu près temps vous mettre en campagne.

En effet, appuya Armerstorff en se levant,

le sournois, quoiqu'il eût une heure d'avance
sur M. de Chartres et qu'il n'eût à faire que la
même course que lui, — en effet, la nuit tombe,
et j'ai à cœur, par ma foi! de conserver mon
renom de galant homme vis-à-vis de vos belles
Parisiennes.

— L'Amour vous conduise, messieurs, et
Dieu vous garde!

Les trois amis de la veille se levèrent.

— Je tiendrai compagnie à M. le comte, continua Lautrec, et je boirai à la beauté de vos
maîtresses!

— Et nous, maréchal, nous buvons à votre
gloire et à notre amitié!

— A l'un des plus vaillants capitaines de
France! ajouta Armerstorff en relevant son
verre.

— Vous m'embarrassez, messieurs, dit Lautrec tout confus.

En effet, il pouvait à peine prononcer ces
mots, comme s'ils eussent pu lui faire
honte,

Après avoir vidé son verre pour se donner une contenance :

—Au revoir, messieurs, reprit-il. Vous savez où vous me laissez : mon bras et mon épée sont à votre service.

Après s'être encore serré la main, Armerstorff et M. de Chartres quittèrent Lautrec et sortirent du château en promettant de s'y revoir le soir même.

—Diable ! se dit Armerstorff en voyant M. de Chartres prendre le chemin de la porte de Nesle, la société de mon nouvel ami ne me convient plus, il faut que je trouve moyen de m'en débarrasser. Eh bien ! ajouta-t-il tout haut en indiquant une direction opposée qui ne pouvait le mener qu'à travers champs, si votre but vous entraîne vers Paris, le mien m'en éloigne, et nous voici obligés de nous tourner le dos.

—A ce soir donc, prince ! dit M. de Chartres en le quittant ; à moins qu'il ne m'arrive malheur, j'aurai l'honneur d'attendre votre seigneurie.

MADAME DE CHATEAUBRIANT,

— A ce soir, murmura le comte, je vous souhaite tout le bonheur que vous méritez.

Et, pendant que l'aventureux jeune homme continuait sa route vers Paris, Armerstorff se jeta à l'écart et alla se tapir à distance, derrière une énorme touffe de sureau qui croissait au bord de la route.

— Eh bien! merci de leur amitié, se dit-il, j'en ai jusque par-dessus la tête, moi. Par ma foi, le diable soit d'eux! Ne voilà-t-il pas que sous prétexte d'avoir été bâillonné et entraîné en leur lieu et place, ils s'emparent de ma personne et vont m'enterrer dans le pigeonnier d'un vieil hobereau caduc qui pourrait servir de vocabulaire d'infirmités? Vivent la liberté, l'incognito et l'intrigue, et gloire à l'empereur Charles-Quint!

VII

— Rendez-vous de M. de Chartres. —

De son côté, voici ce que se disait M. de
Chartres :

— Le seul bonheur de ma vie est prêt à
m'échapper.... Ah! madame, qui que vous
soyez, voilà une plaisanterie que vous n'eussiez
jamais dû faire. Vraiment, il faut que le bonheur soit bien ombrageux pour que je me laisse
alarmer et séduire par une aussi banale accu-
sation... Après tout, ne pourrait-ce pas être
une communication d'Anne?... Chère enfant!

elle m'a vu la quitter, l'épée à la main, pour voler au secours du maréchal, elle aura appris le combat que nous avons soutenu contre les hoquetons de la reine, et, comme elle ne m'a point revu le soir même de ce jour, malgré la promessse que je lui en avais faite, elle craint que je ne sois blessé et veut avoir de mes nouvelles. Si l'on m'appelait à la Tuilerie, je reconnaîtrais sa main sous l'écriture d'une autre femme; mais, à moins qu'elle n'ait employé l'intervention d'une autre personne pour me recevoir à son rendez-vous comme pour m'y appeler, où qu'elle n'ait quitté le service de la reine mère, ce qui ne serait pas absolument improbable après la scène dont la chaste enfant a été le témoin involontaire, je ne puis comprendre ce message... Relisons-le encore.

Il tira de sa poche la lettre que nous lui avons vu y cacher, examina soigneusement l'écriture en faisant un appel à ses souvenirs pour essayer de la reconnaître, et relut ce qui suit :

« Arrivez à la porte de Nesle par le chemin du Pré-aux-Clercs, tournez à droite et promenez-vous sur le quai des Augustins, le chapeau à la main droite, en regardant la Seine. Une femme voilée s'approchera et vous dira de vous garder de l'humidité de la nuit; vous remettrez votre chapeau et la suivrez, sans répondre et sans lui poser la plus banale question. Le seul bonheur de votre vie est prêt à vous échapper.

» UNE FEMME QUI VEILLE SUR VOUS. »

— Eh bien, parbleu! reprit M. de Chartres, je n'aurai au moins rien à me reprocher. Si l'on veille réellement sur moi, j'ai assez de reconnaissance dans le cœur pour payer ce dévouement; si c'est un piége que l'on me tend, j'ai assez de courage pour me défendre!

Sur ce il hâta le pas, et, à sept heures trois quarts, il était arrivé sur le quai des Augustins qu'il se mit à arpenter, en rappelant à son souvenir les détails de la scène à laquelle il avait assisté la veille ; seulement, comme il avait un quart d'heure d'avance, il garda son chapeau sur la tête, se disant que la phrase par laquelle on allait le saluer ne serait pas absolument aussi banale qu'elle semblait à première vue, et qu'il serait toujours temps de lui donner raison, en considération de l'humidité de la nuit.

Au troisième coup de l'heure, tinté par la cloche des Augustins, il se découvrit et se mit à examiner la Seine avec affectation, pour qu'il n'y eût pas à se méprendre sur l'identité de sa personne.

Cinq minutes ne s'étaient pas écoulées que la femme voilée apparut et lui déclina le mot d'ordre.

Le jeune homme remit son chapeau et la suivit à distance jusqu'à la hauteur du Petit-Nesle ; arrivée là, elle se retourna en mettant un doigt sur sa bouche pour lui recommander encore le silence, et s'engagea dans une ruelle

étroite au bout de laquelle était une petite porte
secrète que l'on ouvrit de l'intérieur, après
que la mystérieuse inconnue eut frappé trois
coups à intervalles irréguliers.

— Suivez-moi, dit-elle tout bas à M. de
Chartres en lui prenant la main.

M. de Chartres se laissa diriger et s'engagea
avec son introductrice dans un long corridor;
l'obscurité était complète, nul autre bruit que
celui de ses pas ne se faisait entendre.

Le jeune homme ne fit aucun rapprochement
entre son aventure et celle du célèbre Buridan,
parce que, sous François Ier, on ne se doutait
pas encore que Blanche de Bourgogne recrutait
chaque soir ses amants de cette manière et les
faisait jeter dans la Seine, au point du jour,
pour se débarrasser d'eux; il ne put cependant
se défendre d'une certaine terreur en essayant
de se rendre compte du mystère dont on l'entourait.

Du reste, il faut le dire à son honneur, ce
mystère s'évanouit bientôt lorsque, après avoir

entendu le grincement des gonds d'une seconde porte, il se trouva sur le seuil d'un somptueux boudoir, tout resplendissant de lumière et de dorures.

M. de Chartres fit deux pas.

Chose qui lui avait échappé à la première vue il remarqua alors que toutes les tentures de ce boudoir, ainsi que le brocart des fauteuils et des sofas, étaient aux fleurs de lis de France.

Il étouffa un cri d'étonnement prêt à s'échapper de sa poitrine.

A ce moment, une femme jeune encore et supérieurement belle, apparut vis-à-vis de lui, un mélancolique sourire aux lèvres et des traces de larmes dans les yeux.

— Madame de Châteaubriant! murmura le jeune homme.

— En effet, monsieur de Chartres, c'est moi dit-elle en s'avançant vers lui ; ne vous étiez-vous pas quelque peu douté qu'on ne pouvait vous mener que chez moi par cette porte du Petit-Nesle ?

— Non, vraiment, madame... parce que, en vérité, je n'eusse pas osé m'attendre à un aussi grand honneur.

— L'honneur d'être reçu par la maîtresse du roi?... Vous dites cela avec trop de froideur, monsieur, pour que ce soit autre chose qu'un simple égard de politesse vis-à-vis de la femme

Chartres se tut.

— Vous voyez que je ne me trompais pas, ajouta la favorite en fixant sur son interlocuteur un regard plein d'humilité.

Puis, s'étant assise et ayant indiqué une place au jeune homme, à côté d'elle, sur un de ces grands sofas de l'époque qui servaient de lits de repos, elle reprit :

— Aussi, détrompez-vous, ce n'est plus la maîtresse du roi qui vous reçoit : c'est sa prisonnière.

M. de Chartres fit un mouvement d'étonnement.

— Vous comprenez que, si je n'eusse pas été prisonnière, il m'eût été parfaitement inutile de vous faire introduire aussi mystérieusement au Petit-Nesle ; j'ai toujours assez largement joui de tous mes droits de femme pour avoir celui de recevoir certains jours et à certaines heures les gentilshommes qui m'avaient conservé leur amitié ou leur dévouement... Je suis donc prisonnière, les issues de mon hôtel sont gardées, et il ne me reste plus que cette aile du bâtiment où je puisse cacher l'intimité de ma vie.

En prononçant ces paroles avec une lenteur douloureuse, madame de Châteaubriant porta la main à ses yeux ; une nouvelle larme descendait sur sa joue.

Monsieur de Chartres, qui n'avait jamais été reçu au Petit-Nesle et qui ne comprenait pas encore pourquoi cette femme le prenait pour confident de ses peines, lui qui aurait pu, tout au moins, lui être inconnu, se contenta de garder le silence.

—Vous vous étonnez sans doute, monsieur, que ce soit vous que j'appelle pour recevoir cette confidence... Si je vous disais que c'est précisément à vous qu'elle importe le plus?

— A moi, madame?

— A vous-même, monsieur de Chartres. Dites-moi : ne verriez-vous pas avec une profonde douleur que mademoiselle de Chantrailles fût destinée à recueillir mon héritage de honte?

— Madame! madame! que dites-vous là? s'écria pour le coup le jeune homme en se levant.

— Mon Dieu! je vous dis là une chose bien ordinaire : le roi veut faire sa maîtresse de votre fiancée, et c'est tout.

— C'est tout!...

— Ou plutôt, non, il me reste à vous expliquer clairement cette brutalité que je n'ai hasardée que pour qu'elle vous mordît au cœur...

— Madame!...

— Eh bien?... n'avez-vous pas autant que moi des droits à la vengeance?

— Oh! mais ce que vous dites là est impossible, n'est-il pas vrai?... Le roi vous a abandonnée, soit, je puis bien l'admettre; mais vous ne me dites qu'il veut faire sa maîtresse de mademoiselle de Chantrailles que pour m'armer contre lui et vous venger...

— Vous me connaissez mal, monsieur de Chartres. Par respect pour mon frère, l'un des plus vaillants maréchaux de France, dont vous avez défendu la vie au prix de la vôtre, et que vous nommez maintenant votre ami, vous ne devriez pas supposer d'aussi vils sentiments à une demoiselle de Foix.

— Comment! madame, vous savez...?

— Eh! mon Dieu, monsieur, c'est la cause de ma disgrâce, cette aventure. Écoutez. Entre nous, je vous dirai que le roi, depuis quelque temps, ne faisait plus que me subir. Je m'en étais aperçue, mais j'avais fermé les yeux pour ne pas voir. Cependant, il m'avait trop aimée, il m'avait trop promis pour m'abandonner sans motif. Ce motif, vous le lui avez donné en armant ma valetaille contre les hoquetons de la reine mère. Le motif était noble, digne de lui, et il en a profité avec ardeur...

— Soit, madame, je reconnais la main du roi dans ce coup qui vous frappe ; mais quel rapport...?

— Oh ! je ne vois aucun rapport. Seulement, comme il faut une reine de cœur à François Ier, ce n'est pas moi, ce doit être une autre.

— Et vous voyez là une raison pour que cette reine de cœur soit mademoiselle de Chan-railles ?

— Pas davantage. Toute autre qu'elle eût pu la devenir ; mais la fatalité a voulu que ce fût sur elle que le roi jetât les yeux.

— Oh ! madame, je vous en supplie, donnez-moi la preuve de ce que vous dites là !

— Hier, le roi a passé une heure avec elle dans le petit parc de la Tuilerie...

— Mon Dieu !

— Et en la quittant, au lieu que ce fût la jeune fille qui lui baisât la main, c'est le roi qui a baisé la main de mademoiselle de Chan-railles.

— Mon Dieu ! mon Dieu ! murmura M. de

Chartres avec un accent de douleur inexprimable.

— Allons! pensa madame de Châteaubriant, ma vengeance est placée en mains sûres. Pauvre jeune homme!

— Mais, madame, comment pouvez-vous connaître ces détails?

— Je les tiens d'une personne qui accompagne le roi dans toutes ses excursions, qui le suit dans tous les actes de sa vie intime et qui m'est d'autant plus dévouée, que cette personne m'aime d'un amour sans bornes et sans désirs.

— Vous avez nommé Clément Marot.

— Je ne vous le dissimulerai pas. Seulement monsieur de Chartres, comme vous ne pouvez voir en moi, dès ce jour, qu'une amie sincère et dévouée, je réclame votre parole d'honneur que vous garderez ce secret que vous m'avez surpris, afin de ne pas briser la carrière d'un jeune homme que la France croit appelé à de hautes destinées.

— Je vous la donne, madame, dit M. de Chartres avec dédain.

— Ah! vous accueillez bien froidement mes paroles, monsieur de Chartres. Vous avez peine à me croire, n'est-il pas vrai, quand je vous demande de voir en moi une amie sincère et dévouée?

— En effet...

— Je comprends et je ne vous en fais point un reproche. Soyez franc... Vous croyez que je veux tout simplement faire de vous l'instrument de ma vengeance.

— Vous abordez ma pensée si directement, madame, que je ne me sens pas la force de vous cacher, malgré tout ce qu'elle a de blessant pour vous.

— Eh bien, je vous remercie de cet aveu qui permet de vous détromper. A la vérité, je veux me venger; mais ne trouvez-vous pas que je n'y parviendrais nullement en arrachant mademoiselle de Chantrailles des bras du roi? Vous pouvez avoir l'espoir...

— Qu'il me reviendra? Allons donc, vous n'avez jamais connu le roi, et vous ne me connaissez point davantage. Je l'ai aimé, je le plains; il m'aimerait encore, que nul au monde ne le saurait désormais.

— Eh bien! madame?

— Eh bien, monsieur de Chartres, si je vous avais mis entre le roi et votre fiancée, en supposant même que la pauvre fille ne soit point là pour me succéder, croyez-vous qu'entre une et cent nobles dames qui briguent les faveurs de Sa Majesté le roi hésiterait un moment?

— Mon Dieu! madame, je ne puis vous suivre dans ce raisonnement; ma tête se perd, mes yeux se voilent, mon cœur se gonfle... il me semble que je vais pleurer.

— Pauvre enfant que vous êtes! plein d'illusions et d'honneur, vous refusant à croire le mal parce qu'en vous tout est grand!

— Alors donc, si vous n'y avez aucun intérêt, pourquoi protégeriez-vous une femme dont vous ne pouvez plus être la rivale?

Encore de la défiance !

Enfin, madame ?

Je protége mademoiselle de Chantrailles
qu'elle est noble et pure, parce qu'elle
une et belle, parce qu'elle aime et qu'elle
mée.

Oh ! cette fois, madame, s'écria M. de
tres avec entraînement, cette fois vous ne
trompez pas ! Elle est aimée, madame,
me tout ce qu'il y a de beau, de bon, de
et de noble sur la terre ! Elle est aimée
l'adoration mystique dont on entourerait
ges s'ils daignaient descendre ici-bas,
aime avec la chasteté candide de la sainte
nce !

le sais, dit madame de Châteaubriant
notion, et c'est la seule raison pour la-
veux, sinon la défendre, du moins la
r.

vous avez aimé aussi, vous, alors,
Guillaume, répondit inconsidéré-
favorite.

M. de Chartres tressaillit.

Ces deux mots avaient été prononcés avec
une émotion telle, que le jeune homme y devina
un mystère ; mais il n'osa en demander l'explication.

— Eh bien, madame, dit-il après une assez
longue pause, je vous crois et vous remercie.
Que faut-il faire ?

— Il faut enlever mademoiselle de Chantrailles, mon enfant.

Guillaume tressaillit encore, comme si ces
deux derniers mots, ainsi que les deux premiers,
eussent correspondu à l'une des fibres de son
cœur.

— Il faut enlever mademoiselle de Chantrailles, reprit madame de Chateaubriant, la
rendre à sa mère et lui inspirer un profond
mépris des splendeurs de la cour.

— J'y parviendrai, madame... Mais vous disiez que, au lieu que ce fût elle qui baisât la
main du roi, au moment de le quitter...

— Oh ! voilà déjà du doute... Rassurez-

us. Si vous aviez entendu d'un bout à l'autre
tretien d'une heure qu'elle a soutenu, vous
seriez, croyez-moi, prosterné devant elle
plus de respect encore que vous ne l'eus-
ait hier.

— Merci! madame, merci! voilà des paroles
me rendent fort et courageux.

— Eh bien! fit la favorite en se levant après
ir jeté un coup d'œil sur la pendule, voilà
ce que j'avais à vous dire, monsieur de
artres. Que toute autre que votre fiancée soit
maîtresse du roi, je m'y résigne; mais que
soit pas cette enfant...

— Je vous le jure, madame, et je vous re-
ie de tout mon cœur! répondit le jeune
e en baisant avec transport la main qu'on
ndait.

— Nous nous reverrons, termina-t-elle en
uisant M. de Chartres jusqu'à la porte
quelle il était entré; je vous procurerai
yens de recourir à moi au besoin; je
seulement que vous voyiez toujours en

moi, quoi qu'il arrive, une amie sincère et dévouée.

M. de Chartres sortit et trouva, pour le conduire, la même femme voilée qui l'avait introduit.

— Mon Dieu ! murmura madame de Chateaubriant en fondant en larmes, pourquoi avez-vous fait cet enfant si pur que je n'aie plus le droit de l'appeler mon fils !...

VIII

Au moment où sa pendule sonna le premier
coup de dix heures, madame de Châteaubriant
se leva et courut à une glace devant laquelle
elle essuya ses yeux en essayant de rappeler le
sourire sur ses lèvres, pour effacer, autant que
possible, toute trace d'émotion de sa figure.

Il était temps : dix minutes ne s'étaient point
écoulées que la porte secrète par laquelle M. de
Bourbon était entré se rouvrit, et qu'un nouveau personnage apparut, le chapeau à la main,

sans manifester le moindre étonnement, introduit par la même femme voilée que nous avons
rencontrée sur le quai des Augustins.

Ce nouveau personnage, le lecteur l'a probablement reconnu déjà, n'était autre qu'Armin-
storff.

Il arrivait, comme M. de Chartres, au rendez-vous qui lui avait été donné en même temps
qu'au jeune homme. Seulement, la lettre qu'il
avait reçue étant beaucoup moins mystérieuse
que la première, il ne voyait, dans cette manière
de le recevoir et de l'introduire, que le désir de
madame de Châteaubriant de faire un secret à
tous de l'entrevue qu'il allait avoir avec lui. Il
avait bien eu son tour, comme M. de Chartres,
d'aller contempler la Seine, le chapeau à la
main droite ; mais sa lettre était signée du nom
de la favorite, et il savait où cette contemplation
le mènerait.

— Madame, dit le faux prince de Mantoue en
avançant d'un pas, vous m'avez fait l'honneur
de m'appeler, et me voici rendu à vos ordres.

...figure de madame de Châteaubriant s'é-
...complétement rassérénée, et l'on y eût en
...cherché la trace d'une émotion ou d'une

...vous rends grâce, monsieur, répondit-
...en arrêtant son regard sur son nouveau
...siteur.

...Puis, la porte s'étant refermée et le silence
...établi, elle alla s'asseoir dans un fauteuil et en
...iqua un à Armerstorff.

...— Parbleu! se dit celui-ci, voilà une singu-
...introduction à une entrevue galante... On
...rend grâce d'être venu, on s'assied à dis-

...— Nous sommes seuls, monsieur, reprit la
...ne trouvez-vous pas que la contrainte
...laquelle nous nous enfermerions récipro-
...si nous ne jetions pas nos masques
...moment, ne trouvez-vous pas, dis-je,
...contrainte nous mettrait, l'un vis-à-vis
...dans une position ridicule?

...ule? madame...

— Mon Dieu! elle serait au moins plaisan[te],
avouez-le.

— Je l'admets, madame, dit Armerstorff en
avançant son fauteuil; mais vous parlez de jeter
nos masques...

— Oui, vraiment, monsieur l'ambassadeur,
interrompit-elle avec intention.

— Madame!... murmura-t-il, se rappelant
en ce moment, que le prince de Marinna n'avait
jamais été envoyé à aucune ambassade, et que
madame de Châteaubriant l'appelait monsieur
et non plus prince, comme la veille.

— Après cela, monsieur le chambellan...

Armerstorff rougit et ne put comprimer un
mouvement de stupéfaction.

— Après cela, monsieur le chambellan,
vous voulez conserver toute votre dignité et le
titre de prince sous lequel vous vous êtes pro-
duit ici...

— Madame, répéta-t-il en balbutiant...

— Je le veux bien, continua tranquillement
un imperturbable sang-froid; seulement...

continuerons à ne pas nous entendre et nous aboutirons à rien.

— Nous continuerons…?

Armerstorff s'était si peu attendu à cette réception, chez une femme galante, à dix heures du soir, qu'il en était visiblement démonté, et que, malgré tous ses efforts, il ne pouvait retrouver son assurance.

— Je dis, «nous continuerons» parce que nous avons commencé par là, et je crois être logique. Ceci vous prouvera, monsieur Armerstorff, que vous ne m'étiez pas inconnu, que j'ai lutté de ruse avec vous et que vous ne vous êtes point aperçu que je vous jouais.

Armerstorff perdit si totalement contenance, qu'il lui fallut plusieurs minutes pour se re-

— Ainsi, madame, reprit-il, sans songer à son masque plus longtemps, vous m'avez reconnu?

— Comment oui, monsieur.

— Vous pouvez dire que, la veille, madame de

Châteaubriant s'était parfaitement laissé [illegible]
au piége de l'ambassadeur, qui, du reste,
était inconnu ; maintenant la situation réclam[illegible]
de nouvelles allures, elle prenait sa reva[illegible]

— Cependant, madame…

— Je ne vous avais jamais vu, allez-vous
dire?

— C'est cela même.

— Le jour de la proclamation du roi [illegible]
à l'empire d'Allemagne, je me trouvais [illegible]
des fenêtres de la place de Francfort, au mo[illegible]
ment où le cortége se mit en marche pour
rendre à la cathédrale ; et, si j'ai bonne [illegible]
moire, vous avez eu sur cette même place [illegible]
M. de Gondrillac, qui est devenu [illegible]
prince dont vous avez pris le nom, un entre[illegible]
particulier où vous vous êtes montrés tous les
deux fort animés.

— En effet, dit Armerstorff en se [illegible]
cette circonstance.

— Dès lors, rien d'étonnant si je [illegible]
reconnu.

j'avoue, madame, ajouta-t-il en reprenant l'audace à défaut de sang-froid. Eh

bien! il me semble que je vous ai
mystifié pour ne plus vous en vouloir
maintenant.

S'il est réellement vrai que cette femme
jouait la comédie hier, pensa Armerstorff, il
faut me bien tenir; mais j'en doute: il est
probable que j'ai été reconnu par ses
gens, et qu'elle me joue maintenant; cepen-

dant la chose était fort obscure.
— De manière que vous ne m'en voulez plus,
dit-il? reprit-il tout haut.
— Non, monsieur Armerstorff, et, en signe
voici ma main.

Armerstorff avança encore son fauteuil.
— Cependant, sans être fort ombrageuse, je
voudrais bien savoir comment il se peut que
vous ayez remis une lettre confidentielle,
à la princesse de Mariana par l'homme qui

avait le plus grand intérêt à ce que cett[e] ne vous tombât jamais entre les mains.

— Oh! oh! continua de penser notre hom[me], cette femme est forte!... très-forte!

— Vous ne répondez pas?

— Je vous avouerai, madame, que, [cette] question m'embarrasse au dernier point.

— Et si je vous disais que, mettant mas[que] bas tous les deux, nous nous apercevrion[s que] nous tenons absolument autant l'un que l'a[utre à] la guerre?

— Alors...

— Soyons d'abord nets et francs, to[us les] deux. N'est-il pas vrai que vous avez en vue, pour l'empereur Charles-Quint, la conquê[te du] monde?

— Hum! vous comprenez, madame, [que de] la part d'un serviteur dévoué....

— Ces vues ne seraient pas conda[mnables,] je comprends cela. Donc, pour arr[iver à la] conquête, vous admettez qu'il faut [la] guerre, et vous la désirez avec ardeur[.]

— Soit, supposons cela.

— L'admettriez-vous si je vous prouvais que je tiens maintenant, autant que vous, à cette déclaration d'hostilité?

— Franchement, oui.

— Lisez, dit-elle en tendant un parchemin au sceau du roi, qu'elle tira de son sein.

Voici ce qu'Armerstorff lut :

« Nous, François Ier, roi de France, etc.

« Au commandement en chef de l'armée de Navarre,

« Nommons :

« Le capitaine ANDRÉ DE FOIX, DUC DE LES-PARRE. »

La date de ce décret était antérieure de près d'un mois.

— Eh bien, madame, dit Armerstorff, je ne vois là qu'une velléité belliqueuse du roi que vous avez eu le talent de rendre sans effet.

— J'avais prévu cette objection, répliqua-

t-elle en étendant le bras pour frapper s[ur] [le]
timbre.

Le page qui, la veille, avait introdui[t le]
prince de Mariana, parut aussitôt.

— Monsieur de Lesparre?

— Monsieur le duc vient d'arriver [et]
et attend le bon plaisir de madame la co[mtesse]
pour se rendre à ses ordres.

— Introduisez.

L'instant d'après, M. de Lespar[re entra]
étourdiment en demandant à sa sœur [s'il était]
bien possible qu'elle se décidât enfin à [lui]
mettre le brevet qui lui avait été oct[royé par le]
roi.

M. de Lesparre était alors un jeune ho[mme]
d'une trentaine d'années, beau de fig[ure, grand]
de taille, franc d'allures, sincère d[...]
n'avait aucune expérience de la guerr[e, mais]
était brave et entreprenant, n'avait aucun [souci]
de la mort, et courait les brelans et les [aven-]
tures sans s'occuper le moins du monde [de ce]
qui pourrait lui avénir.

— Oui, monsieur le duc, répondit-elle en prenant le brevet des mains d'Armerstorff pour le remettre à son frère.

— Ah! s'écria Lesparre, voilà donc enfin que nous montrons les dents. Je le disais bien que vous finiriez par ne pas laisser humilier plus longtemps notre belle France. Mordieu! nous verrons bien, si, parce que le voilà devenu empereur d'Allemagne, ce bourgeois de Gand continuera à nous faire la loi! Il a donné son adhésion au traité de Noyon, et, s'il ne se contente pas du rétablissement de la famille d'Albret au trône de Navarre, j'entrerai triomphant en Castille et je la lui prendrai ville par ville, bastion par bastion, jusqu'à la dernière maison, jusqu'à la dernière pierre! — Merci, ma sœur, ajouta-t-il en s'emparant du brevet.

Et, sans s'occuper davantage d'Armerstorff, qui regardait l'imprudent jeune homme avec admiration, celui-ci baisa la main de madame de Chateaubriant, et lui demanda s'il pouvait joindre l'armée qu'il avait fait lever.

— Oui, André. Seulement, qu'on n'appr[...]
votre départ de Paris que lorsque vous [...]
en Navarre : le roi le veut ainsi.

— Fort bien, ma sœur, fort bien. J'ai d[...]
tant plus intérêt à me conformer à ce désir [...]
j'ai plusieurs trous à faire à la lune, et [...]
toujours temps de faire sonner mes [...]
quand je serai à l'armée.

— Adieu donc, mon frère, et bon [...]
termina madame de Châteaubriant en [...]
pour reconduire le duc.

— A propos, dit celui-ci en s'en [...]
savez que le maréchal est en disgrâce [...]

— Parfaitement. C'est une raison de [...]
pour ajouter au plus tôt une gloire [...]
celles de la famille.

— Bah ! puisque décidément nous com[...]
çons la guerre, cette disgrâce ne sera [...]
longue : le roi aura besoin de tous ses [...]
serviteurs et il ne tardera pas à les [...]
lui, tous, y compris le grand connétable.

Sur ce, ayant encore embrassé sa sœur [...]

remerciant une seconde fois, le commandant en chef de l'armée de Navarre sortit par le couloir secret du Petit-Nesle dont il avait la clef.

Madame de Châteaubriant retourna à sa place, toute rayonnante de son triomphe.

— Par ma foi! madame, lui dit Armerstorff, voilà qui est certainement sans réplique; mais il me semble que cela dément d'une singulière façon votre politique avec M. de Chièvres.

— Politique que vous avez surprise, n'est-il pas vrai?... Enfin! vous aviez vos raisons pour venir à Paris surprendre mes secrets au nom du prince de Mariana, n'est-ce pas?

— Oui.

— Eh bien! j'ai les miennes pour agir comme vous venez de le voir. Secret pour secret, voulez-vous savoir le mien?

— Merci, fit Armerstorff qui ne tenait pas à devoir entrer dans les détails mystérieux de la mort de M. de Chièvres. Si vous le voulez bien, nous nous contenterons des effets sans remonter aux causes.

— Soit ! dit la favorite avec un soupir, je pré-
fère cela encore...

— Et moi donc ! pensa notre homme.

— Il est entendu que nous sommes dignes
de nous comprendre ?

— Très-bien, madame, très-bien ! et vous
me voyez jeter mon masque avec bonheur.

— Autre chose maintenant, ajouta la favorite
en allant prendre sur sa cheminée un nouveau
parchemin.

Et elle le passa à l'ambassadeur, comme le
premier.

C'était une autorisation du roi de France,
donnée à Robert de la Marck, seigneur de
Bouillon, d'envoyer un héraut à Worms pour
déclarer la guerre à l'empereur et aller mettre
le siége devant Virton ; le roi annonçait à ce
prince qu'il ferait ordonner une levée extraor-
dinaire de troupes pour les adjoindre à ce
commandement, mais qu'il devrait toutefois,
en attendant, commencer la guerre en son nom
propre ; il n'en assumerait la responsabilité

— ... le roi, que lorsque, l'armée de l'empereur
se trouvant en campagne, il serait en droit de
secourir un de ses alliés.

— Eh bien ! madame, s'écria Armerstorff en
frottant les mains, voilà qui dessine on ne
plus correctement la situation ! Je ne de-
manderai pas les raisons qui vous font agir ni
ce que vous voulez atteindre...

— Oh ! mon Dieu, je veux tout bonnement
compliquer les choses... Charles-Quint et François sont deux puissants princes, et, de plus,
rivaux. Ils sont destinés à finir par une
lutte acharnée... Je ne vois nullement pourquoi ils ne commenceraient pas par là.

— Madame, permettez-moi de vous dire que
vous devez avoir d'autres vues...

— Pourquoi ?

— Parce que je crois impossible que vous
voyiez avec tant d'indifférence le démembre-
ment de la France.

— Vous croyez donc...?

— Je crois que l'empereur et le roi de France

ne sont pas de force à lutter indéfiniment l'un
contre l'autre.

— C'est-à-dire?

— Qu'il faudra nécessairement que l'un des
deux succombe dans la lutte.

— Et ce sera?...

— Si je pensais que ce pût être l'empereur
M. de Chièvres aurait continué avec vous
politique de conciliation, ou j'aurais rec..
les devoirs de son héritage.

Madame de Châteaubriant eut un sourir..
passa sur ses lèvres comme, dans certains
nébuleux, on voit les rayons du soleil
sur les montagnes.

— Et vous m'autorisez, demanda Anne
à rapporter à l'empereur ce qui vien..
passer?

— Oh! non. Il est assez fort pour se
qu'il se garde.

— Cependant, je puis l'entraîner
à-vis de la France, de manière que le..
hostilités soit pris au sérieux?

— Nécessairement, puisque vous voulez la guerre.

— Eh bien! madame, s'écria-t-il avec enthousiasme, nous allons donner à l'Europe un des spectacles les plus sublimes qu'il ait jamais été donné de contempler!

L'histoire ne dit pas si l'ambassadeur de Charles-Quint sortit du Petit-Nesle ce soir-là; mais nous pouvons affirmer que, à deux heures du matin, les deux alliés portaient un toast à la gloire du vainqueur.

IX

— Qui gagne, perd. —

Quinze jours s'étaient écoulés sur les de[ux]
événements, scrupuleusement histori[ques que]
nous avons rapportés dans le chap[itre précé-]
dent, et, bien que les causes exist[assent tou-]
jours, aucun effet ne s'était encore p[roduit : il]
leur fallait, du reste, le concours d[... sans lequel]
il eût été moralement impossi[ble... d'agir]
autrement.

Armerstorff était retourné [à Vienne...]
chargé de faire parvenir lui-m[ême...]

de François Ier à Robert de la Marck, par me-
sure de précaution, c'est-à-dire dans la crainte
que madame de Châteaubriant ne se ravisât.

Le soir de ce huitième jour, à l'heure habi-
tuelle où M. de Chartres se rendait jadis, le
cœur en fête et l'œil rayonnant, à cette petite
porte bien-aimée du parc de la reine, deux
hommes, marchant coude à coude et devisant
entre eux, arrivèrent à la Tuilerie; le plus
grand et le plus âgé des deux, portait, sous un
vaste manteau brun, un élégant costume de
gentilhomme; l'autre, plus petit et plus jeune,
ayant encore toutes les allures et les grâces de
l'enfance, était vêtu en laquais; mais la livrée,
au lieu d'imprimer à sa personne un caractère
d'humilité servile, semblait faire valoir davantage l'élégance de sa taille et ressortir la
finesse de ses traits.

C'étaient Lautrec et M. de Chartres.

— Hum! fit Lautrec, en apercevant à une
trentaine de pas de lui un troisième personnage qui avait l'air de compter les cailloux du

chemin, tant il mettait d'acharnement à vouloir faire supposer, à quiconque eût pu le rencontrer, que, dans cet endroit désert et incommode, il ne faisait que se promener.

A cet espèce d'appel, le promeneur releva la tête, regarda autour de lui pour voir s'il n'était pas observé, puis, reprenant sa promenade, mais ayant un but cette fois, il se dirigea vers nos deux amis.

— Eh bien?... lui demanda Lautrec à demi voix, dès qu'il fut à portée de l'entendre.

L'inconnu fit un signe qui semblait vouloir dire : « Je croyais vous rencontrer seul. »

— Ce n'est rien, répondit Lautrec à ce signe, c'est mon laquais.

— Eh bien ! maréchal, j'ai remis confidentiellement votre message à la reine mère.

— Bien ! après?

— Elle l'a lu...

— Bravo ! marquis. Si le roi savait ce que vous risquez pour vos amis, il vous enverrait bien certainement en province ; mais soyez cela n'empêcherait pas que ce que vous avez fait là est excellent.

— Hein?... vous dites qu'il me renverrait en province?

— Tout net, s'il le savait; mais il n'en apprendra pas le premier mot, soyez tranquille.

— Ainsi, vous croyez...?

— D'abord,—vous comprenez,—je ne fais que supposer; arrivons au fait, et vivement, puis, je vous dirai ce qui vous arrivera. Vous disiez que vous avez remis mon message à la reine mère et qu'elle l'a lu; puis?

— Elle en a ri.

— Ah!

— Bon! le roi me renverra...

— Pas encore, marquis; il y a rire et rire, il faut savoir. Comment en a-t-elle ri?

— Sous cape.

— De dépit ou de joie?

— Heu!... Je ne pouvais regarder que de côté, et je vous avouerai que je n'ai pas bien pu distinguer.

— Et qu'en a-t-elle dit?

— « D'Eu, m'a-t-elle dit, savez-vous d'où
vient ce message? — Non, Majesté, lui ai-je
répondu; c'est un laquais qui l'a apporté dans
mon hôtel pendant mon absence, disant qu'il
était de toute importance qu'il vous fût remis
sans délai et en grand secret. S'il déplaît
à Votre Majesté, que Votre Majesté dise un
mot... » — J'allais ajouter que j'étais prêt à le
remporter; mais elle m'a interrompu en me
déclarant d'une manière peu polie que j'étais
un sot. Et elle est sortie.

— Fort bien, sarpejeu! fort bien!

— Comment, fort bien! dit le maréchal de mauvaise
humeur; vous croyez donc aussi que je suis un
sot, vous, maréchal?

— Pourquoi donc?

— Puisque vous approuvez ce jugement si peu
courtois.

— Eh non! j'approuve la manière dont la
reine a reçu et gardé ce message. A
présent, je puis vous affirmer

...e, que vous êtes mieux que jamais ancré
...oir!

— Vous me ragaillardissez, maréchal.

— Parbleu! vous méritez bien cela! Vous ne
...figurerez jamais quel service vous m'avez
...du. Aussi, entendez-vous bien? c'est entre
...à la vie et à la mort... D'ailleurs, si j'ai
...compris ce que vous m'avez insinué hier,
...semble que vous serez le premier à jouir
...bénéfices de ma rentrée en grâce, parce que
...dame de Châteaubriant...

— Rentrera en faveur aussi! interrompit le
...lier marquis en frappant l'une de ses
...dans l'autre; et alors...

— Cela va de soi, ajouta Lautrec avec un
...mal dissimulé, alors le roi détournera
...un moment les yeux de mademoiselle
...vous laissera le temps de la marier
...quelque bon vieux gentilhomme campa-

— ...cela! c'est cela! répéta joyeusement

— Mais finissons, dit Lautrec; qu'a fait [la]
reine après vous avoir déclaré que vous êtes [un]
sot?

— Elle est rentrée dans son boudoir en [fais]
sant le message.

— C'est au mieux. Et puis?

A cette nouvelle question, le laquais du [ma]
réchal prêta plus attentivement l'oreille e[t eut]
mine de vouloir se rapprocher.

— A distance, maraud! lui dit Lautrec, [pour]
rappeler à M. de Chartres qu'il avait une [trop]
noble tête pour la laisser admirer de près, [sur]
les épaules d'un laquais.

Le jeune homme se soumit à cette inj[onction]
et retourna à sa place, d'où, du reste, [il avait]
fort bien entendu ce qui venait d'être d[it.]

— Et puis? reprit Lautrec.

— Ah! oui, reprit le marquis, le b[illet à la]
petite?

— Oui, à mademoiselle de Chan[treine.]

— Je l'ai glissé dans son livre [d'heures]
comme par mégarde, en passant pr[ès d'elle.]

our lequel il se trouvait, elle s'est levée, a pris
la livre et est sortie également.

— C'est admirable! ne put s'empêcher de
crier le maréchal.

— C'est que moi, voyez-vous, quand il s'agit
d'obliger un ami...

— Et elle ne vous a rien dit?

— Non; seulement, au moment où j'allais
partir, la petite a trouvé l'occasion de me
rencontrer dans un escalier et de me serrer la
main.

— Bravo! bravo! Maintenant c'est bien tout?

— Voyons..., dit le marquis en réfléchissant.
Oui, après cela je suis sorti du château, pour
retourner à mon hôtel, et, de là, je suis venu,
comme vous voyez, à notre rendez-vous.

— Oui, oui, je le suppose bien; quand je disais « c'est bien tout », soyez sûr que je m'en-
tendais. Maintenant, marquis, il me reste à
vous remercier...

— Comment donc! maréchal, c'est moi qui
suis votre obligé, puisque vous m'affirmez que

je suis mieux que jamais ancré à la con…

madame de Châteaubriant restera en fav…

— Eh bien, soit, j'accepte vos remer…
marquis, et je suis heureux de vous …
lorsqu'il s'agira de vous obliger, vous …
toujours en moi un ami parfaitement dis…

— Je compte sur cette assurance, m…
maréchal, et vous laisse; vous comp…
si l'on nous rencontrait maintenant ense…

— C'est vrai, je suis encore en di…
vous pourriez n'y pas trouver votre …
Adieu, ajouta-t-il en lui tendant la m…

Quand le marquis fut à distance, M…
tres ne fit qu'un bond jusque dans le…
maréchal, et l'embrassa avec l'effusion…

— Sarpejeu! fit celui-ci, vous m'…

— Oh! merci, merci! murmur…
homme, je vous devrai le bonh…
vie!

— Puisque vous avez la premi…
ne pouvais pas raisonnablement…
gagner la partie sans jouer…

nous... Lâchez-moi donc, sarpejeu !... jeune homme !

— Rudoyez, maréchal, rudoyez tout à votre aise ; vous ne parviendrez pas à me rendre moins reconnaissant.

— Bon ! voilà de la reconnaissance maintenant, quand il nous faut tout notre courage et toute notre prudence... Ah ! parlez-moi de ces têtes écervelées !... L'expédition que nous faisons aujourd'hui, c'est pour lui, lui seul en retirera du bénéfice, et, au lieu de rappeler à ma vieille mémoire que l'heure de notre rendez-vous vient de sonner aux Augustins, et que, décemment, un gentilhomme ne peut pas faire attendre une reine de France, ça vient vous parler de reconnaissance !

Et, tout en grommelant et se frappant le front, Lautrec s'en allait à grands pas vers la petite porte du parc, à travers sables et décombres, sautant un fossé, escarpant un remblai, sans plus s'occuper de M. de Chartres, convaincu intimement, du reste, que les jambes du jeune homme faisaient assaut avec les siennes.

A quinze pas de cette porte vers laquelle il se dirigeait, Lautrec s'arrêta net.

—Mon enfant, dit-il à Chartres, nous pouvons ne pas réussir.

—Hélas! maréchal, je le crains bien, soupira-t-il avec découragement.

—Sarpejeu! voilà du mélancolique, maintenant; tout à l'heure ce seront des larmes. Ah! ces jeunes têtes, Seigneur mon Dieu!

— Mais non, mais non, maréchal, on peut bien encore être ému à mon âge, mais on ne pleure plus.

—A son âge!... O jeunesse! cela parle de son âge, et cela n'est pas encore hors de page! Mais le temps passe, on nous attend et nous jaccassons comme deux pies... Revenons à mon point de départ. Nous pouvons ne pas réussir, disais-je.

— Oui, maréchal. Eh bien?

—Ah! vous comprenez que ce ne sera pas de ma faute.

— Mon Dieu! mon Dieu! et c'est pour me dire cela que nous nous arrêtons ici?

— Eh non! pas exclusivement... Je veux dire que si nous ne réussissons pas...

— Ce sera la faute des autres.

— Fort bien; je vois, jeune homme, que vous m'entendez. Donc, m'est avis que si c'est la faute des autres, c'est que les autres sont plus forts que nous.

— J'abonde dans votre sens, maréchal.

— Or, il faut bien nous tenir et ne pas aller comme des corneilles qui abattent des noix.

— Eh! mais, il me semble, moi, que nous y allons plutôt comme deux chevaliers qui ont chacun la vie de deux hommes à leur ceinture! s'écria M. de Chartres en mettant la main sur ses pistolets.

— C'est bien, jeune homme; je voulais seulement vous rappeler la chose. En garde donc, du courage, et en route!

Sur ce, Lautrec reprit sa marche, et, suivi à distance respectueuse, comme il avait été con-

venu entre eux, par son laquais; il arriva à la
porte.

— Hum! fit-il en la poussant devant lui.

La porte était ouverte.

Le maréchal entra, et, au lieu de refermer la
porte tout à fait, c'est-à-dire aux verrous, il la
laissa comme il l'avait trouvée, c'est-à-dire légèrement entr'ouverte, après avoir fait jouer
les verrous dans leurs anneaux de fer comme
s'il les eût réellement fermés.

Puis, il se retourna.

A côté de lui, à gauche, cachée dans l'ombre
d'un massif de lilas, était une jeune femme
toute vêtue de noir et voilée, le sachant à la
reconnaissance d'un mouvement qu'il fit de
son éventail.

— Bien! pensa-t-il.

Alors, il reprit son pas furtif et s'avança vers
la tonnelle, où il avait eu avec la reine, quelques jours auparavant, l'entretien qui lui avait
valu sa disgrâce.

— Hum! fit-il une seconde fois.

Comme si cette exclamation eût été un appel, on entendit la voix d'une seconde femme y répondre de la tonnelle.

— Très-bien! pensa encore Lautrec, les choses s'annoncent admirablement!

Et comme il arrivait à la porte de verdure de la tonnelle, il ôta son chapeau, fit un dernier pas et mit un genou en terre.

— Madame, dit-il de sa voix la plus suppliante, vous voyez devant vous le plus misérable et le plus indigne chevalier du royaume de France! Je vous ai insultée, madame, vous, la mère de mon roi bien-aimé, et je viens me prosterner devant Votre Majesté pour lui demander grâce...

A ce point de son improvisation, comme la position de sa tête inclinée et la demi-obscurité qu'il faisait lui permettaient de regarder du coin de l'œil, il vit la première femme qu'il avait rencontrée en entrant dans le parc, sortir en tremblant de sa cachette et gagner la porte.

— Oh! les femmes, pensa-t-il en s'interrom-

pant, quelles fines mouches, mon Dieu, seigneur! quelles fines mouches! et comme vous
nous avez livrés en nous les donnant! »

Puis, comme si la pause qu'il venait de faire
avait trouvé sa cause dans son émotion, il reprit :

— Je me suis laissé emporter, madame, par
un sentiment ridicule de fausse pudeur, je n'ai
pas compris que vous m'offriez le suprême bonheur en me faisant le sacrifice de votre honneur
et de votre vie... Et je viens vous demander
grâce! ajouta-t-il, à bout d'éloquence.

Louise de Savoie jeta un cri dont Lautrec
essaya en vain de pénétrer la traduction.

Comme réponse à ce cri, il se dirigea rapidement vers le palais, et l'on vit plusieurs
ombres passer le long des murs et se
diriger vers la porte.

— Sarpejeu! pensa Lautrec sans
position.

— Si vous connaissiez la femme que
lui dit la reine d'une voix accentuée

...ère, vous sauriez qu'elle ne pardonne jamais une humiliation... Et vous m'avez humiliée comme si je n'eusse été qu'une femme, moi, la mère de votre roi !

— Quand je disais que la femme était une une mouche ! se dit le pauvre maréchal en se relevant.

Et, tout en suivant le mouvement des ombres qui s'agitaient autour de lui et qui lui coupaient ... la retraite, il se mit à chiquenauder ses ...oux pour en effacer les souillures que la ... y avait laissées.

— Comprenez-vous, maréchal? demanda la ... d'un accent triomphant.

— Oui, Votre Majesté, répondit-il; en effet, ... semble comprendre...

— Eh bien ?

— Eh bien, madame, vous allez pouvoir ... au roi que je suis un grand sot.

— Vous vous trompez... Je vais pouvoir prou- ... Majesté que le maréchal Lautrec est ... coupable de lèse-majesté.

— Diable! mais si vous pouvez [illegible] me semble aussi que vous allez m'en [illegible] droit à Vincennes...

Les lèvres de Louise de Savoie s'[illegible] d'un sourire haineux qui ôta au maréchal [illegible] espérance de pardon.

— Sarpejeu, madame, dit-il, permette [illegible] de vous dire que vous gagnez considé[illegible] dans mon estime.

— Vous dites?

— Je dis que je ne vous croyais [illegible] forte.

— Ah! cela me donne l'occasion de [illegible] que moi je vous avais méconnu aussi [illegible] croyais plus prudent et moins mala[illegible].

— Si, pourtant, fit le maréchal ava[illegible] tion, je vous assurais que, tout ma[illegible] maladroit que je puis avoir été, je [illegible] qu'un mot à dire pour que vous [illegible] à l'instant ma liberté?

— Ah! murmura la reine dont les [illegible] cèrent.

— Mais rassurez-vous, madame, je ne le dirai pas. Je suis votre prisonnier, mais vous avez perdu la partie.

— Comment l'entendez-vous?

— C'est mon secret, madame, et, quand vous le pénétrerez, il sera trop tard.

Puis, voyant la reine considérablement intriguée et disposée à insister :

— Messieurs, ajouta-t-il en s'adressant aux ombres qui gardaient la porte, je suis le maréchal Laûtrec.

— Arrêtez cet homme ! s'écria la reine.

FIN DU PREMIER VOLUME.